나는 오늘도
그 길을 달린다

나는 오늘도 그 길을 달린다

초판 1쇄 발행 2024년 12월 23일

지은이 안병돈
펴낸이 장현수
펴낸곳 메이킹북스
출판등록 제 2019-000010호

디자인 윤목화
편집 윤목화
교정 강인영
마케팅 김소형

주소 서울특별시 구로구 경인로 661, 핀포인트타워 912-914호
전화 02-2135-5086
팩스 02-2135-5087
이메일 making_books@naver.com
홈페이지 www.makingbooks.co.kr

ISBN 979-11-6791-651-8(03810)
값 16,800원

ⓒ 안병돈 2024 Printed in Korea

잘못된 책은 구입하신 곳에서 바꾸어 드립니다.
이 책의 전부 또는 일부 내용을 재사용하려면 사전에 저작권자와 펴낸곳의 동의를 받아야 합니다.

메이킹북스는 저자님의 소중한 투고 원고를 기다립니다.
출간에 대한 관심이 있으신 분은 making_books@naver.com로 보내 주세요.

저자 소개

　운동을 시작한 계기는 고등학교 1~2학년 시절 경주시 교련 경진대회 무장구보 단독군장 10km 선수로 발탁되면서부터였습니다. 학교 위상과 명예를 위해 참가하였으며 수업 후 경주시 유도 체육관에서 수련하였습니다.
　늦게 운동을 시작한 만큼 땀 흘려 얻게 되는 참된 가치를 깨닫고 집중적으로 시간을 투자했으며 인천체육대학에 입학하여 이론과 실무를 겸비한 체육인이 되기로 결심했습니다. 검도 유도 운동을 연마하고 군대에서 생활하는 동안 저격수 분대장(하사)직책을 수행하였으며, 포스코 입사 후 직장생활 공동체로서 살아가는 법을 터득하였습니다. 이후 모든 운동은 힘들고 어렵다는 고정관념이나 생각을 버리고 꾸준하게 달리며 즐기면서 아름다운 자연의 신비롭고 오묘한 섭리와 풍경을 만끽할 수 있는 "스포츠의 꽃인" 마라톤으로 전향하였습니다.

책을 내면서

　일상(日常)생활 속에서 경험(經驗)하고 체험(體驗)한 뒤 느낀 것을 기록(記錄)하여 책으로 완성(完成)하였습니다. 농촌(農村)에서 한 해의 풍년(豊年) 농사를 마친 뒤 가을철(秋節) 추수(秋收)하는 듯한 기쁨처럼 마음이 풍요롭습니다.

　68년 평생(平生) 동안 기록(記錄)하는 습관(習慣)의 결과(結果)로 연습장(練習帳)에 메모했습니다. 낡은 일기장(日記帳)을 넘기며 노트북(usb)에서 저의 과거(過去)의 흔적(痕迹·痕跡)을 살펴봅니다.

　선조 입향조는 안주(安宙)1500년생 17세에 진사에 합격하고 29세에 문과에 뽑혀 호조정량으로 외직 청도군수가 되고 외직 청도 군수 홍문관(弘文館) 부교리 겸 지제교 일양부사가 되었습니다. 대대로 내려온 선비(先妣) 가정(家庭)이라 사랑방에는 온종일 천자문(千字文)을 외우는 소리가 문밖까지 들렸다 합니다.

　증조할아버지는 과거(科擧) 시험에 2번 낙방(落榜)하였으나 서원(書院)의 원장(院長)이 되어 배움을 갈망(渴望)하던 사람들에게 대가를 바라지 않고 평생(平生)을 가르치며 청렴(淸廉)하게 생활하였습니다. 어떤 상황(狀況)에서도 좌절(挫折)하지 않고 일평생(一平生) 열심히 한문(漢文)에 전진(前進)하신 증조할아버지는 저에게 귀감(龜鑑)

이고 자랑입니다.

지금도 윗대를 이어 할아버지께서 서원(書院) 서당(書堂) 사랑방(舍廊房)에서 선생(先生)으로서 한문(漢文)을 가르치시는 모습이 눈에 선합니다.

마을에서 정미소(精米所)를 운영하시던 아버지가 들고 오신 밀가루로 어머님이 마루에서 만들어 주시는 감자(甘蔗) 손칼국수 맛이 천하의 별미(別味)였습니다.

지금도 제가 제일(第一) 좋아하는 음식(飮食)은 손칼국수입니다. 무더운 여름철, 칼국수로 배를 든든하게 채운 우리 남매들은 마당 한가운데 모닥불을 피워 놓고 평상(平床·平牀)에 옹기종기 누워 하늘의 별을 보면서 밤 깊어가는 줄 모르고 이야기 삼매경(三昧境)에 빠지곤 하였습니다. 옛 시절(時節)이 그리운 요즘입니다.

집에서 4km에 떨어진 양동 초등학교를 향하던 발걸음이 한 발, 두 발 그리고 체육 전공으로까지 이어졌습니다. 풀뿌리 마라톤(marathon) 대회 42.195km를 달리며 무수한 기록(記錄) 실패(失敗)의 고난(苦難)이었지만 역경(逆境)을 딛고 일어서며 나의 심신(心身)을 수양(修養)하였습니다.

마라톤은 인간 한계(限界)의 도전(挑戰)으로 인내력(忍耐力)과 지구력(持久力), 순발력(瞬發力), 성실성(誠實性)을 길러 저의 이상(理想)과 가치(價値)를 높여 목표(目標)를 세우고 일에 몰두(沒頭)할 수 있게 하였습니다.

　포기(抛棄)하고 싶은 순간(瞬間), 가슴까지 차오른 거친 숨을 몰아쉬며 잠나운 삶의 의미(意味)를 되새기게 되었습니다. 몸으로 행동(行動)하고 실천(實踐)하지 않으면 무엇도 얻을 수 없습니다.

　밝은 미래(未來)와 성공(成功)은 과감하게 도전(挑戰)하는 사람에게 주어지는 것이기에 본인도 잘할 수 있다는 신념(信念)과 믿음을 가지고 겁 없이 과감하게 도전(挑戰)해야만 하였습니다.

　실패(失敗)에도 좌절(挫折)하지 않는 신념(信念)과 정열(情熱), 솟구치는 힘의 원천(源泉)입니다.

　그렇게 지금까지 남긴 삶의 흔적을 모아 《나는 오늘도 그 길을 달린다》 책을 출판합니다.

증조할아버지 비석　　　　할아버지 비석

책을 내면서

목차

저자 소개 … 4

책을 내면서 … 5

1부 국민체력100 … 12

2013년 국민체력100 … 13
2015년 국민체력100 … 15
국민체력100체험수기, 국민체력100 희망을 만나다. … 17

2부 등산 … 23

2017년 한라산 등산 … 24
내가 등산한 국립공원 … 25
2013년 포항 북부 의용 소방대 마이산 … 29
봉화 레프팅 다녀온 후 … 31
설악산 등산 … 35
제주도 어리목 탐방로 … 36
지리산 종주 … 38

3부 마라톤 대회 참가 후기 … 39

"함께 달리면 기쁨 두 배"
2017년 서울 중앙 마라톤 대회 참가 후기 … 40

2009년 경주 벚꽃 마라톤 대회 참가 후기	45
2012년 경주 동아 국제 마라톤 대회 참가 후기	48
2013년 경주 동아 국제 마라톤 대회 참가 후기	52
2013년 서울 중앙 마라톤 대회 참가 후기	57
2014년 울산 마라톤 대회 참가 후기	59
2015년 제24회 벚꽃 마라톤 대회 참가 후기	61
2015년 서울 동아 국제 마라톤 대회 참가 후기(페드롤)	64
2016년 울산 마라톤 대회 참가 후기(페이스 메이커)	66
2016년 서울 중앙 마라톤 대회 참가 후기	69
2017년 서울 동아 마라톤 대회 참가 후기	73
2017년 서울 중앙 마라톤 대회 참가 후기 "은퇴는 없다"	75
2017년 청주 무심천 길이가 34.50km	78
2011년 서울 동아 국제 마라톤 대회 참가 후기	80
나의 훈련기(포항 환호 공원 언덕길)	85
언제 어떻게 달릴 것인가?(페드롤 달리기)	88
영일만 울트라 마라톤 대회 참가 후기	91
제2회 전국 마라톤 지도자 교육(영남대학교)	95
2013년 제 39회 보성 다향제 녹차 마라톤 대회	98
초보자 달리기 입문 시 주의사항	100
제48회 경상북도 도민 체육 대회 성화 봉송 주주자	102

4부 마라톤 대회 기록(풀코스, 하프코스, 10km)   104

마라톤 대회 기록(풀코스, 하프코스, 10km)   105

5부 유도, 검도   116

동암 추모 유도 대회(유도, 검도)   117
유도(스포츠의 특성)   120
검도의 이념 기본 기술 동작   124

6부 자전거 탐방기   126

2013년 호미곶 관광지 글   127
2014년 호미곶 관광지 탐방기 후기   129
낙동강 국토 종주 자전거길 여행   132

7부 지역 일간 신문 기고 글   136

2014년 "나 자신과의 싸움에서 승리를 만끽하다"(대경일보)   137
제17회 달서 하프 마라톤 대회 참가기(대경일보)   140
2024년 성주 참외 전국 마라톤 대회 참가 후기(대경일보)   142
제30회 경주 벚꽃 마라톤 대회(경상 매일 신문)   144
부부 사랑 포항 마라톤 대회(2006년 8월 26일)   146
제4회 상주 곶감 마라톤 대회 하프 페이스메이커 참가
(2007년 10월 28일)   147

"포항의 건강달리기 문화 정착 최선 다할 터"   149

포항시 마라톤 연합회 안병돈 신임 회장 취임   151

포항 연령층별 체력왕 6명 탄생   153

지역 마라톤 명문으로 거듭난다   155

성주 참외 마라톤 참가 수기   157

황영조와 함께하는 청주 마라톤 대회 참가 후기   159

동아일보 2009년 경주 동아 국제 마라톤 대회   162

서울 중앙 마라톤 대회 참가 후기   164

2010년 대구 국제 마라톤 대회 참가 후기   169

2024년 대구 달서 마라톤 대회 참가 후기   171

이력   **182**

<1부>
국민체력100

2013년 국민체력100

옛날엔 '인생 칠십 고래희(人生七十古來稀)'라 하여 사람이 70세까지 사는 게 드물다고 했는데, 요즘은 팔십이 청춘이요, 100세까지도 가능한 100세 시대에 접어들고 있습니다.

건강 관리를 얼마나 잘하느냐에 따라 50대 같은 70대도 있고 70대만도 못한 50대도 있습니다.

건강하고 행복한 100세 시대를 준비하기 위해서는 정부와 모든 국민이 함께 준비해야 할 것입니다.

이를 위한 구체적인 대안으로써 국민 체육진흥공단은 「국민체력100」이라는 프로그램을 국민 여러분들에게 제공하고 있습니다.

'국민체력100'이란, 100세 시대를 대비하여 본인의 체력 수준을 알고 체력 증진을 희망하는 국민을 대상으로 체력 상태를 과학적 시스템에 의해 측정·평가 후 맞춤형 운동 처방 및 상시 체력 관리를 지원하는 대국민 체육 복지 서비스입니다.

"국민체력100" 사업은 2012년 성인을 대상으로 시행하였고, 2013년부터는 만 65세 이상 어르신까지 사업 대상에 포함되며, 향후에는 청소년, 장애인 등으로 사업 대상을 점차 확대할 예정입니다.

또한 2012년 수도권, 중부권, 영남권, 호남권의 4대 권역별 거점 체력 관리 센터(4개소)에서 시행한 국민체력100 사업을 올해는 전국 10개 시도 총 14개소의 거점 체력 관리 센터에서 확대 운영함으로써 국민에게 한 걸음 더 가까이 다가가는 '국민체력100'이 되기 위해 많은 노력을 기울이고 있습니다.

고령화 사회에 접어든 우리나라의 평균 수명이 80세에 육박하는 요즘, 일생 중 8년 이상을 질병에 시달리며 고통스러운 시간을 보낸다고 합니다.

하지만 '국민체력100'과 함께라면 건강하고 행복한 삶을 누릴 수 있으며, "값비싼 보약보다 규칙적이고 꾸준한 훈련이 건강에는 최고의 선물"이라고 확신합니다.

"아침에 일찍 일어나는 새가 먹이를 많이 얻듯이 저는 오늘도 아침저녁 새롭게 발전하는 하루하루를 달리겠습니다."

건강을 위한 많은 보탬이 되리라 믿어 의심치 않습니다.

2015년 국민체력100

국민체력100은 과학적인 체력 측정과 상담 및 관리가 가능합니다.

* 측정 종목: 체지방 및 비만도 측정, 혈압 측정

1. 악력 테스트

2. 20m 왕복 오래 달리기

3. 윗몸 일으키기(1분)

4. 윗몸 앞으로 굽히기

5. 제자리 멀리뛰기

6. 10m 왕복 달리기

청년부 만 19~34세, 중년부 만 35~49세, 장년부 만 50~64세

"국민체력100"은 국민의 체력 및 건강 증진에 목적을 두고 체력 상태를 과학적 방법에 의해 측정 평가를 하여 운동 상담 및 처방을 해주는 국민의 체육 복지 서비스입니다.

"국민체력100"에 참가한 모든 국민들에게는 체력 수준에 따라 맞춤형 운동 프로그램을 제공하고 자신의 건강도 지키며 운동에 꾸준히 참

가할 수 있도록 체계적으로 관리하며 국민 체력 참가증을 발급합니다.

체력장과 차별화되는 점은 단순히 등급만을 측정하는 것이 아닌, 측정 결과 어떤 부분이 부족한지, 보완할 점이 있는지 등 전문가의 운동 처방을 받을 수 있다는 점입니다.

누구나 체력 측정과 운동 처방은 물론 전문 상담 및 체력 증진 교실 등 다양한 건강 관리 프로그램을 무료로 받을 수 있습니다.

포항 체력 인증 센터 관련 문의나 체력 측정을 원하는 시민은 272-8519로 예약/문의를 하시면 됩니다.

*주소: 서울시 올림픽 공원 평화의 광장 국민체력100(체력 인증 센터)

국민체력100 체험 수기
국민체력100, 희망을 만나다

　퇴직을 앞두고 막막한 미래 때문에 불안해서 운동장으로 향했다. 도착한 순간 평소에 보이지 않았던 간판이 한눈에 들어왔다. 퇴직을 앞둔 상태라 하늘을 올려다볼 여유가 없었나 보다. 아직은 현장에서 일할 수 있는데, 막내는 아직 고3인데, 어떻게 해야 할지 근심과 걱정으로 한 걸음도 내디딜 수가 없었다.

　그런 상태에서 '국민체력100'에 입간판을 발견한 것이었다. 무엇을 하는 곳일까? 호기심이 나의 몸을 이끌어 나도 모르게 문을 열고 실내를 들여다보고 있으니 포항시 국민체력100 센터에 근무하시는 분이 반갑게 맞아 주었다.

　궁금해하는 내 눈치를 알아차렸는지 아주 상세히 설명까지 해 주는 것이 아닌가. 평소 관심을 가지고 있는 분야라서 귀에 쏙쏙 들어왔다. 직원이 해 주는 설명을 듣고 있으니 나도 체력 측정을 받아야 한다는 생각이 내 가슴속에서 솟구쳤다.

　직원의 안내로 체력 측정에 들어갔다. 순서에 따라 여러 가지 테스트를 거쳤다. 평소에 운동을 열심히 해 오고 있었다고 생각한 나는 약간의 자부심을 가졌다. 30년 가까이 교대 근무를 해 오면서도 하루도 거르지 않고 달려온 내가 아닌가. 내가 살고 있는 포항은 대부분의 회사들이 3교대 근무 환경이다. 지금은 4조 2교대로 바뀐 회사들도 있지만 내가 몸담고 있는 회사는 아직 3교대 근무 형태를 그대로 이어

간다. 5일 주기로 근무 시간이 바뀌므로 생활 패턴도 5일마다 달라진다. 야간 근무는 낮에 아무리 많은 잠을 잤더라도 어김없이 나를 찾아와 괴롭힌다.

주야가 바뀌는 불규칙한 생활에서 내가 결근 없이 30년 이상 교대 근무를 할 수 있었던 것은 나만의 체력 관리인 달리기가 함께했기 때문이라고 생각한다. 처음 달리기를 시작하게 된 것은 순전히 돈이 들지 않으면서 내 몸을 지키는 데 도움이 된다 생각했기 때문이었다.

단칸방에서 신혼살림을 시작하여 삼 남매를 양육하면서 나를 위해 돈을 투자하기는 내 마음이 허락하지 않는 부분도 어느 정도 차지했을 것이다. 맨손으로 두 다리를 활용하는 달리기가 경제적인 면에서도 나에게는 안성맞춤인 것 같았다.

좋은 결과가 나올 것이라고 확신까지 하면서 윗몸 일으키기를 할 때는 혼신의 힘으로 상체를 바쁘게 움직였다. 내 몸은 가볍게 나의 의도대로 따라 주었다. 그러면서 자신감이 붙고 이것쯤이야 하고 어느새 만만하게 생각하고 있었다.

오랫동안 달리기로 내 나름의 체력 관리를 해 온 터라 자만심이 천장을 향해 달음박질쳤다. 마음이 한껏 부풀어 오를 쯤, 왕복 달리기에서 몇 번 한 것 같지도 않는데 내 마음과는 다르게 멈추라는 벨이 울리고 말았다. 더 할 수 있는데 눈치 없이 울리는 벨소리가 원망스럽고 아쉬움이 따랐다.

순서에 따라 모든 테스트를 마치고 숨을 돌리고 있으니 결과가 나왔다. 결과는 뜻밖이었다. 다른 종목은 평균 점수를 얻었으나 자만심이 하늘 높이 치솟았던 왕복 달리기에서 금상에 미치지 못하는 횟수와 점수가 기록되어 있지 않은가. 그동안 달리기라면 내 나이 또래뿐만 아니라 누구와도 견주었을 때 뒤처지지 않을 자신이 있다고 생각했었는데, 말할 수 없이 아쉽고 질망스러웠다. '달리기', 세 글자는 내가 가장 자신 있어 하는 부분이어서 실망감은 이루 말할 수 없었다.

무작정 달리기만 해 온 나에게, 과학적이고 체계적인 체력 관리 시스템은 나의 체력을 점검해 보는 좋은 기회였다.

체력 측정을 통해서 내가 무엇이 부족한지, 어느 부분을 보완하여야 하는지 제대로 알게 되었다.

그래도 나는 나와 함께 걸어온, 내 인생에서 빼놓을 수 없는 달리는 습관이 있지 않은가.

앞으로 나아갈 수 있는 목표를 세울 수가 있을 것 같았다.

직장 퇴직을 1년 앞둔 상태로 나는 용기도 없었고, 희망이라고는 찾기 힘든 상황이었다.

집으로 돌아오는 길, 생각을 곱씹었다.

부족한 것이 있다면 꾸준한 운동으로 보충하여 더 나은 기록을 내야겠다고 마음속으로 다짐하면서 나 스스로 마음을 다잡았다.

집에 도착하여 곧바로 결과지를 펼쳐 놓고 찬찬히 읽으니 자만심이 이런 결과를 초래한 것 같기도 했다.

그래도 한번 금상에 도전해 보고 싶었다.

그날 이후로 나와의 싸움이 시작되었다. 운동은 내가 할 수 있는, 가장 큰 도전이었다.

나는 혼자서 넓은 들판을 가로질러 달리면서 생각을 정리하고 꼬인 매듭을 풀어냈다. 비가 와서 달릴 수 없는 날이면 아파트 계단 15층을 오르내렸다.

그래도 마음이 흡족하지 않으면 우산을 쓰고 빠른 걸음으로 걸었다. 야간 근무를 하는 날이면 오전에는 자고, 오후에는 반드시 훈련에 들어갔다.

전에는 달리기만 했었다면 검사 후에는 근력을 기르기 위한 운동, 심폐 지구력을 기르는 운동 등 구체적으로 목표를 수립하고 여러 가지 운동을 병행했다.

달리기에서 얻을 수 없는 부족한 부분은 회사 헬스장을 이용하여 실내 운동으로 보완했다.

이렇게 계획을 세워서 연습하고 10개월 후에 다시 체력 인증 센터를 찾았다.

지난해에는 현장 접수가 가능하였으나 올해는 예약제로 운영되고 있었다. 일주일 후로 예약을 하고 집으로 돌아왔다.

조급한 내 마음은 아랑곳하지 않고 하루하루가 거북이 발을 떼듯이 아주 더디게 다가왔다. 체력 테스트를 위해 휴가까지 내었다. 지난번보다는 차분하게 검사에 응했다.

결과는 여섯 가지 종목, 모든 것에서 지난번보다 더 높은 점수를 얻었다. 결과지를 눈으로 확인하였으나 믿기지 않아 보고 또 보고 거듭하여 읽었다.

거의 꼭대기 최고 점수, 육각형 꼭짓점을 향하고 있었다. 가슴이 떨리고 흥분으로 들뜬 마음을 주체할 수 없어 바로 아내에게 "나 금상 받았어."라고 전화를 했다.

아내는 누구보다 나의 도전에 대한 성공을 축하해 주었다.

땡볕에도 아랑곳하지 않고 운동을 한 날들이 주마등처럼 지나갔다. 근력을 기르기 위해 일찍 출근하여 회사 헬스장을 찾았던 일, 어디 그뿐이었으랴. 자전거를 이용하여 출퇴근을 하다가 비를 만나 옷은 흠뻑 젖고 빗속에 페달을 힘껏 밟으며 체력 단련하였던 일도 떠올랐다.

그 후로 체력 인증 센터의 전도사가 되어 권면에 들어갔다.

생각보다 프로그램에 대해 모르고 있는 사람들이 많았으며 함께 근무한 회사 동료들에게 알렸다.

본인의 체력이 어느 정도 되는지 알고 있으면 도움이 된다고 입에 침을 튀기면서 설명하였다.

지난번에 미진했던 왕복달리기에서도 좋은 점수를 얻고 테스트 결과 금상을 획득하고 나서는 내 마음에 변화가 생겼다.

이전에는 체력만큼은 자신이 있다고 나 스스로 생각하는 오만함에서 비롯된 자만심이었다면 그 후로는 '나도 할 수 있다.'라는 용기를 얻었다.

범사에 감사하는 생활을 하게 되었고, 퇴직을 하고 나서 변화될 생활에 대한 두려움을 극복할 수 있었다.

그때는 6월에 다가올 퇴직으로 정말 앞이 흐릿하였다. 해무가 몰려오고 있었다. 금상과 함께 해무는 서서히 걷혀 갔다.

지금은 재취업하여 퇴직 전에 다니던 회사에서 열심히 일하고 있다.

이 도전을 통해 많은 것을 얻게 되었다.

퇴직을 앞둔 상황에서 희망을 다시 찾고 용기를 얻었다.

오늘도 나는 작은 변화를 겪는다.

내 손에는 손힘을 기르는 작은 근력 기구가 들려 있다.

그동안 회사에 한 시간 일찍 출근해 회사 헬스장 내 헬스 기구로 윗몸 일으키기를 꾸준하게 운동해온 결과 전국 체력왕 선발 대회에서 윗몸 일으키기 전국 장년부에서 1등을 하였다.

1등을 하고 스포츠 기자에게서 인터뷰 요청을 받아 소감 인터뷰도 하였다.

<2부>
등산

2017년 한라산 등산

내가 등산한 국립공원

속리산 국립공원(회사에서 직원들과 1회 이상 등산)

1970년 6번째 국립공원으로 시정된 곳이다.

제2금강 또는 소금강이라 불릴 만큼 경관이 빼어나다.

충북과 경북의 여러 지역에 걸쳐 바위로 이루어진 산이다.

천왕봉(1,058m) 비로봉, 문장대, 관음봉, 백두대간에 이르는 장엄한 산줄기가 있어 암봉과 암릉이 발달되었다.

계룡산 국립공원

1968년 12월 31일 국립공원으로 지정되었다.

해발 고도 845m의 산 20개의 봉우리로 이루어져 있다.

전체 능선의 모양이 닭벼슬 쓴 용의 형상을 닮았다 하여 계룡산이라 불린다.

덕유산 국립공원

전라북도 무주군 · 장수군 경상남도 거창군 · 함양군에 걸쳐 맥을 잇고 있는 산이다.

전라도와 경상도를 가로지르는 덕유산은 덕이 많고 너그러운 모산이라는 뜻에서 그 이름을 갖게 되었다.

덕유산은 편마암류 암석이 많은 산이다. 북덕유산부터 남덕유산까지 약 20㎞ 정도 되며, 기암괴석, 암반 폭포, 벽담이 있다.

발원은 북동사면 금강상류(무주구천동) 28㎞ 울창한 수림이다. 서쪽 사면 금강(구리 향천) 칠련 폭포, 용추 폭포는 안선분지로 흐른다. 남동사면 위천(낙동강 지류)으로 흐른다.

웅장한 산세와 계곡 아름다운 자연 경관을 가지고 있으며 산성 사찰 등 문화 유적이 많다.

팔공산 국립공원

대구광역시 북구를 둘러싸고 있는 산이다. 높이는 1,192.3m이며 중악 부악 공산 동수산으로 불리기도 했다. 그 산줄기가 영천시 칠곡군 군위군 경산시 구미시까지 뻗어 있다. 위천의 지류인 남천이 북쪽 사면에서 발원한다. 2023년 5월 국립공원으로 지정되었다.

소백산 국립공원

1987년 18번째 국립공원으로 지정되었다.

지리산 설악산 오대산에 이어 웅장한 산악형 국립공원이다.

1. 비로봉 1,439.5m

2. 국망봉 1,420.8m

3. 연화봉 1,383m

4. 도솔봉 1,314.2m

퇴계 이황이 "울긋불긋한 것이 꼭 비단 장막 속을 거니는 것 같고 호사스러운 잔치 자리에 왕림한 기분"이라며 소백산 철쭉의 아름다움을 묘사한 글이 유명하다.

소백산 연화봉에서 구름과 산의 아름답고 조화로운 모습은 물론 높은 하늘에 맞닿은 듯한 느낌을 받을 수 있다.

저 멀리 끝없이 펼쳐지는 대자연의 풍경이 환상적이며 경이롭다.

북한산 국립공원

세계적으로 보기 드문 도심 속에 아름다운 자연 공원인 북한산 국립공원은 1983년 15번째 국립공원으로 지정되었다.

북쪽 도봉산 남쪽으로 북한산 화강암 지반이 침식되었다. 오랜 세월 동안 바위가 풍화 작용에 의해 침식되면서 곳곳에 깎아지른 바위 봉우리 계곡들을 이루고 있다.

관악산 100대 명산

신림동 남현동 경기도 안양시 과천시 경계에 있는 높이 632m의 산이다. 경기 5악의 하나로 경관이 수려하며, 도시 자연 공원(1968년 지정)으로 수도권 주민들의 휴식처이다. 주봉은 연주대로서 정상에 기상레이더 시설이 있다. 봉우리마다 송신탑이 있다.

경주 남산 국립공원

경로: 경주 삼릉 탐방 지원 센터 - 상선암 - 바둑바위 - 금오봉
서남산 주차장 - 삼릉 탐방 지원 센터 - 상선암 - 삼릉 탐방 지원 센터 - 서남산 주차장(5.2km)
편의 시설: 화장실, 매점
주소: 경주시 배동708

주왕산 국립공원

경상북도 청송군과 영덕군 걸친 산맥 해발 720m의 야트막하고 아담한 산이다.

중국의 진나라에서 주왕이 이곳에 피신하여 왔다고 해서 주왕산이라는 이름이 지어졌다. 산봉우리 암굴마다 주왕의 전설이 얽혀 있는 것으로 유명하다.

가장 면적이 작은 주왕산이 1976년에 국립공원으로 지정된 이유는 기이하면서도 아름다운 풍광 때문이다.

계곡 폭포 하나하나 깎아 낸 듯 섬세한 모양을 자랑한다. 대전사부터 제3폭포까지 이어지는 4km 구간이 가장 아름답다.

2013년 포항 북부 의용 소방대 마이산

　포항시 북부 남의소대, 여의소대 대원과 함께하는 모처럼 쌓인 스트레스를 날릴 수 있는 하루입니다. 관광버스는 시내를 경유 포항 IC를 지나자마자 탁 트인 도로를 마치 밀림에서 성난 사자가 질주하듯 세차게 달립니다.
　낙동강 대교를 지날 무렵 유유히 흐르는 강물을 뒤로하고 굽이굽이 소로길을 돌아 어느덧 목적지에 도착하였습니다.
　우뚝 솟은 암석 바위가 특이한 마이산 도립 공원은 해발 400~500m의 고원 지대에 말귀 모양으로 뾰족하게 솟아 있는 우리나라에서 가장 특이한 산 가운데 하나입니다.
　세계에서 그 유례를 찾아볼 수 없는 독특한 자연석으로 축조한 전북 기념물 제35호 마이산 사탑, 처음에는 120여 기가 있었으나 지금은 80여 기만 남아 있는 이 사탑은 이갑룡 처사가 이곳에서 하나하나 돌을 주워 와 쌓았다고 합니다.
　폭풍이 몰아쳐도 흔들리기만 할 뿐 무너지지 않는 신비로운 탑입니다. 해발 687m인 마이산은 수마이산과 암마이산으로 구분됩니다. 우리는 마이산의 음/양수 우물에서 물을 한 모금씩 마셨습니다.

　마이산 탑사로 오르내리는 계단은 주위가 더없이 아름다워 사랑하는 사람과 한없이 걷고 싶은 충동을 느끼게 했습니다.
　마이산 남부 호숫가에서 바라본 산은 마치 하늘에서 선녀가 내려와

임을 곁에 두고 자식을 품은 듯 자애롭고 다른 한편으론 슬픔을 머금은 듯 순간 눈물이 핑 돌았습니다.

 벚꽃 가로수 길과 연못이나 둑에서 마이산을 보면 안개 속에서 자태를 드러내면서 전체가 더욱더 아름답습니다.

 주차장에서 연못까지 이어지는 길목에는 넓은 길이며 기념품 상회, 숯불고기 식당, 볼거리를 제공합니다.

 산 전체가 화려하지 않으면서 구경 오시는 사람들이 많이 보이며 올라가는 계단이 철골 제작된 나무 계단이며 오르내리게 편하게 제작되어 있습니다.

 가야산 국립공원 휴게소에서 자유 시간(2시간)을 가졌습니다.

봉화 레프팅 다녀온 후

 지루한 장마도 서서히 꼬리를 내리자 햇빛이 따사로우며 직장에서 모처럼 야외에서 단합도 할 겸 봉화 레프팅을 가게 되었습니다. 말로만 듣던 봉화 레프팅을 간다고 생각하니 마냥 설렙니다. 옛날에, 처음 기차를 탄다는 기대로 마음이 풍선처럼 부풀어 올랐던 기억이 아직도 생생합니다.
 나이 쉰을 훌쩍 넘긴 중년에 '주책없다'라는 소리를 들을 것 같아 속으로 숨기려니 잠은 자꾸만 도망가 새벽녘에야 겨우 눈을 붙였습니다.
 가방에 갈아입을 옷, 세면도구, 카메라, 걸을 때 편안한 신발, 선글라스, 안경, 모자를 챙기면서 확인을 거듭했습니다. 부러움의 눈초리로 바라보는 아내의 배웅을 받으면서 출발 장소 종합운동장 호돌이 탑 앞으로 향했습니다.
 하나둘 모습을 나타내기 시작하여 모두가 도착하자 인원 체크 후 예정했던 시간에 맞춰 버스는 운동장을 빠져나갑니다. 버스는 대잠 사거리를 거쳐 시청 앞길을 경유, 포항IC를 지났습니다. 확 뚫린 고속도로를 먹이 찾아 사냥에 나선 호랑이와 같이 질주하며 경쟁이라도 하듯이 앞서거니 뒤서거니 했더니, 잠시 후 녹음이 우거진 자연이 눈에 들어오기 시작합니다. 기계 지날 무렵 유료 낚시터에는 파라솔이 보이며 사람을 기다리는 새로운 풍경이 내 눈을 붙잡았습니다. 옹기종기 촌락을 형성한 시골의 지붕들이 나를 반기니 고향에 가는 것 같은 착각이 듭니다.

영천을 알려주는 들판 비닐하우스들이 모습을 나타내기 시작합니다. 포도도 비닐하우스에서 재배하다니 참으로 경이롭습니다. 전국 최대 포도 단지 사과, 복숭아가 가득한 들판이 펼쳐지며 야산과 제각각 다른 농촌 풍경이 차창 밖에 하염없이 스쳐 지나갑니다. 산불로 벌거숭이가 되어 있는 안타까운 모습도 보여 잠시 상념에 잠겼습니다. 산불 예방은 백번 강조하여도 지나치지 않겠습니다.

어느덧 대구광역시를 지날 무렵 시원하게 뚫린 편도 4차선 고속도로 양쪽으로 고층 빌딩이 우뚝 솟아 있는 것이 눈에 들어왔습니다. 왼쪽은 시가지 풍경, 오른쪽은 공단과 농촌 풍경이 펼쳐집니다. 높은 건물 벽보에는 2011년 대구 세계 육상 선수권 대회 현수막이 펄럭입니다. 이 길이 국토의 대동맥입니다. 안동 방향으로 뻗어 있는 편도 2차선 도로에는 잘 정돈된 가로수 길이 펼쳐졌습니다. 한참을 가다가 남안동 톨게이트를 벗어나 시내로 접어듭니다. 우측 산중턱에 있는 안동시 궁도장을 뒤로하고 군자 마을 와룡 초등학교 입구 안동 댐을 지나자 청량산 도립 공원 이정표가 나타났습니다. 우측 편에 도산 서원 가는 길을 지나 오늘의 목적지 봉화 레프팅 장소로 계속 이동합니다.

기사 아저씨는 초행길이라 약간 머뭇거리다가 내비게이션과 안내 표지판을 보면서 주행합니다. 이나리강을 끼고 달리는 차창 밖에는 농촌과 청량산의 울창한 숲과 폭포, 줄기차게 쏟아지는 골짜기가 탑승한 동료 여러분들 눈을 사로잡습니다.

나도 모르게 탄성 소리가 터져 나옵니다. 이름 그대로 청량산은 아름다운 자태를 자랑이라도 하듯이 한껏 뽐냅니다.

산을 휘돌아 굽이굽이 달려 서서히 주차장에 도착하니 안내자가 기다리고 있었습니다. 기다리는 안내자의 지시와 행동 요령을 듣고 봉화 레프팅 구명조끼를 받아 들고, 체조를 한 후 3개조에 나누어 9~10명씩 보트에 탑승했습니다.

장마 전선과 태풍 메아리가 지난 후라 이나리 강물은 더욱 맑고 깨끗합니다. 푸른 강물은 오늘 레프팅을 하기에 정말 최적입니다. 강물 따라 하류로 내려가면서 다른 배에 탄 사람에게 물장난과 경쟁을 하면서 우리는 마냥 동심으로 돌아갑니다. 간혹 급류도 만나면서 긴장을 놓을 수 없었습니다. 노를 저으면서 안내자의 지시에 따르며 한눈팔기는 용납되지 않습니다.

아직도 미끄럼틀 놀이는 생생합니다. 배를 뒤집어 놓고 미끄러지면서 강물에 점프하는 것이 재미있었습니다.

쉼터에서 삶은 계란과 오뎅 국물로 허기를 채우고, 녹음이 우거지고 신록이 푸른 청량산을 끼고, 강물을 따라 내려가다 보니 급류에는 제법 위험했습니다. 다이빙 장소에 도착하여 1단, 2단, 3단 다이빙하고 다시 내려갔습니다.

급류에서 배가 갑작스럽게 앞머리가 요동치더니 뒤집어져서 생사의 갈림길을 헤매는 사람들처럼 혼비백산했습니다. 장비와 신발은 강물에 떠내려갔습니다.

편성 조 일행은 뿔뿔이 헤엄치며 긴급 구조를 요청했습니다.

일행 중에 가벼운 타박상을 입은 사람과 슬리퍼를 분실한 사람이 있어 숨 가쁜 순간을 보낸 후 기력은 저하되었습니다. 목적지를 따라 배는 조용히 움직이면서 서서히 내려가고 있으며 오늘의 화젯거리인 조금 전 마지막 급류에서 배가 뒤집히는 아찔했던 순간의 일들로 이야기꽃을 피웠습니다.

봉고 차량으로 출발 장소로 이동하여 식당에서 소불고기 회식 후 17:50분경 버스에 탑승하여 귀포 길에 올랐습니다. 한사람의 낙오자 없이, 전원 봉화 래프팅에 참여하여 협동심을 다지고, 스릴을 만끽했던 시간을 다시 회상하며 무사히 약 21:50분경에 호돌이 탑 앞에 도착하였습니다.

금수강산(錦繡江山) 보고 느끼며 범사에 감사합니다.

설악산 등산

설악산이란?

1. 1970년 우리나라 5번째 국립공원
2. 1965년 천연기념물 지정
3. 행정구역: 인제군 고성군 영양군 속초시

설악산 등반을 위하여

1. 공룡능선 코스에 대한 이해(사전 공부)
2. 준비물(등산복, 신발, 장갑, 모자, 팩(스틱), 생수, 과일, 먹거리)
3. 시간 관리
4. 체력 관리
5. 겸손과 감사

큰 대자연 앞에서 한없이 작은 나의 모습이 매우 초라하게 느껴진다. 설악산(악산) 공룡능선은 마등령 삼거리 희운각 대피소 앞 무너미 고개까지(김밥 생수 스틱 장갑 랜턴) 소공원 주차장~비선대 워밍업 구간 비선대~마등령 삼거리 제일 힘든 구간 설악산 공룡 능선 포트스팟 오색(들머리)~대청봉~중청 대피소~희운각 대피소~무너미 고개~공룡능선~마등령 삼거리~비선대~소공원(날머리)까지 이어지는 19.1km 의 거리로, 산행 시간은 12시간(휴식 및 점심)이 걸렸다. 난이도 상의 코스다.

크게 1, 3구간 두 구간이 힘들었다.

제주도 어리목 탐방로

한라산은 제주 특별자치도의 중앙에 자리한 한라산 1,950m을 중심으로 제주시와 서귀포에 걸쳐 지정된 국립공원을 탐방하였다.

경로

윗세오름 2시간 남벽 분기점 3시간 6.8㎞

어림목~윗세오름 4.7㎞ 남벽 분기점 6.8㎞

입산 통제 5, 6, 7, 8월 05:00부터 탐방 가능

어림목 탐방로 입구 15:00부터 입산 제한

윗세오름 안내소(남벽 통제) 14:00부터

돈내코 탐방 제한/윗세오름 안내소 17:00 하산

백록담(정상)은 성판악, 관음사 탐방로만 가능

매점: 어림목 탐방로 전 구간 매점 없음

사전에 산행에 필요한 물품(식수 간단한 먹거리 등)은 철저히 준비하여 주시기 바랍니다.

화장실: 어림목 광장 윗세오름 대피소

한라산 겨울 눈

한라산 등반(성판악탐방로~사라오름~달래밭 대피소~백록담~삼각봉 대피소~
개미목~탐라계곡~관음사 탐방로)

지리산 종주

지리산 성중 종주 천왕봉 일출 산행(정년퇴직 후 지리산 종주 12시간 30분)

전라도와 경상도를 가로지르는 것은 화개장터라지만 두 개의 도를 가로막는 것은 수려한 산세를 자랑하는 지리산이다. 지리산은 전북 남원, 전남 구례, 경남 하동, 함양까지 이어지는 산이며 높이는 1915m이다. '어리석은 사람이 머물면 지혜로운 사람으로 달라진다' 하여 지리산이라 불리게 되었다.

산세가 깊고 웅장하면서 어머니 같이 포근한 모습이다. 산정상에서 사방을 보면서 유유히 바다로 흐르는 강물과 금수강산을 쳐다보면서 소통하고 대화를 나눔으로써 문제점을 해결하는 데 도움이 되었다.

코스: 구룡계곡 코스, 삼신봉 코스, 범사골 코스, 정령치~바래봉 코스, 만복대 코스, 피아골 코스, 반야봉 코스, 불일폭포 코스, 중산리(장터목)코스, 중산리(칼바위) 백무동~중산리 백무동 코스, 거림 코스, 유평(대원사)코스, 노고단 코스

지리산 종주는 마라톤 같이 어렵고 힘든 코스다. 일반 등산하는 사람들은 도전하기가 아주 힘든 코스이며 등산복, 등산화, 랜턴, 스포츠, 음료수, 김밥, 스틱, 선글라스, 안경, 지도와 함께 수분 보충을 위해 생수를 꼭 지참해야 한다.

<3부>
마라톤 대회 참가 후기

"함께 달리면 기쁨 두 배"
2017년 서울 중앙 마라톤 대회 참가 후기

    2017 중앙 서울 마라톤 대회 참가하는 날이 내일로 다가왔습니다. 저녁에 잠을 청하니 왠지 잠은 오지 않고 학창 시절 수학여행 전날 밤 같이 이런저런 생각으로 엎치락뒤치락하다가 깜박 잠들었지만 새벽 알람 소리에 일어나 급하게 운동복, 신발, 가방을 챙겨 포항 고속버스 터미널로 향하였습니다.

    유난히 무덥던 여름도 지나고 선선함이 느껴지는 추수의 계절 가을입니다. 2017년 서울 중앙 마라톤 대회는 풀코스로 참가하는 네 번째 대회이며, 고속버스 심야 시간이지만 포항시에서 참가한 일행과 반갑게 인사하고 혼자 마음속으로 전원 완주를 기원하였습니다.

    시내 가로수길은 한밤중이라 고요함과 적막감, 정적만 감돌며 침대 같이 의자를 뒤로 젖히고 쉬었습니다. 어느덧 우등 고속버스가 시내 포항 ic를 벗어나자 확 트인 고속 도로에 가슴이 뻥 뚫린 느낌이 듭니다.

    시내를 경유하는 동안, 추수 끝난 텅 빈 들판이 창밖으로 주마등같이 지나갔습니다. 의자를 눕히고 눈을 감고 선잠을 청하였습니다.

    중간 휴게소에서 간단한 용변을 보고 출발하여 강남 고속터미널에 도착했습니다. 다른 지방에서 올라온 선수와 식당에서 조우해 각자 식사 후 용변 보고 잠실 운동장을 향하였습니다.

    약간 추운 날씨이지만 전국 지방에서 참가한 선수들이 여기저기 보였습니다. 잠실 대회장에는 풀뿌리 마라톤 대회에 참가한 선수들이 분주히 움직였습니다. 잠실 운동장 입구 대회를 알리는 조형물, 깃발이 펄럭이고 참가 선수 여러분들이 분주하게 오고 가는 모습이 보이며 화장실 입구에는 순서를 기다리는 전국에서 참가한 선수들의 긴 행렬이 보입니다.

- 학생 체육관 정문: 날씨가 쌀쌀하여 아침 기온은 3도입니다. 그룹별 참가 선수 여러분들이 사회자의 출발 신호 소리에 긴 대열이 서서히 움직이고 있으며, 도심 길을 따라 달리며 초반이라 마음과 몸은 호흡 조절하면서 당당하게 한 발짝 한 발짝 힘차게 달려 나갑니다.

- 평화문 삼거리: 흐리고 쌀쌀한 기온이지만 타이즈를 입고 참가하니 약간 보온이 되는 것 같습니다.

- 천호 사거리: 천호사거리를 지날 무렵 수도 서울 번화가 도로변에 성숙한 시민 여러분들이 통제에 잘 협조해 주시고 발걸음을 멈추며 대회 참가한 선수에게 격려의 박수와 하이파이브를 해 줍니다. 초반이라 몸도 가볍고 에너지도 충분합니다. 주먹을 불끈 쥐며 힘차게 질주하니 무겁던 발걸음도 한결 가볍습니다.

- 길동 사거리(우회): 잠실 일대는 축제의 장이며, 반대편에는 차량

이 분주하게 움직이고 있습니다.

- 둔촌 사거리(우회): 추운 날씨라 체온이 서서히 올라가고 대열에서 앞서거니 뒤서거니 하면서 달려 나갔습니다.

- 올림픽공원 사거리: 손목시계를 보니 달리는 속도가 정상적이며, 컨디션도 아주 좋은 편입니다.

- 탄천교: 갈대 우거진 하천이 보입니다. 올림픽 개최국의 국민으로서 자부심을 느끼며 오늘 마라톤 대회에 흘린 땀방울이 진정한 국가 동력이 되길 바랍니다.

- 수서역: 힘차게 달리는 말에게 기수가 채찍을 하염없이 가하듯 페이스 조절하면서 나 자신을 추슬러 봅니다.

- 세곡동 사거리: 성숙한 시민 의식을 가진시민 여러분들이 화이팅! 박수를 치며 반갑게 하이파이브로 환영해 주십니다.

- 시흥 사거리(좌회전): 절반이 가까이 지나가는 시점입니다. 마음속으로 대회 후반을 생각하면서, 마라톤 도전은 인생을 흥미롭게 만들고 도전의 극복은 인생의 새로운 의미를 만든다는 것을 되새기며 질주하였습니다.

- 여수대교 사거리(좌회전): 시내 한복판을 가로지르며 아름답고 흥겨운 코스를 달리니 마치 전장에서 승리한 개선장군 같습니다.

- 탄천 ic 교차로(반환): "마라톤은 상대와의 경쟁인 동시에 자신과의 싸움이다"라는 말을 되새깁니다. 어려운 경제 여건이지만 위기를 기회로 만드는 기회이며, 슬기롭게 어려운 경제를 극복하고 오늘 대회에 최선을 다하고자 다짐해 봅니다.

- 여수대교 사거리(우회): 대로길에서 아직까지 갈 길이 멀고 태산 같은데 힘들고 발바닥, 다리, 서서히 허벅지까지 저려 옵니다.

- 시흥 사거리(우회): 힘들고 지쳐 있지만 길옆에서 북소리, 징, 꽹과리 소리가 들려옵니다. 흥겹고 거대한 대열이, 오색 형용한 색깔과 물결이 움직이는 모습에서 대한민국의 밝은 미래를 들여다 볼 수가 있습니다.

마라톤은 "어려운 풍파를 해치고 나가는 것이 흡사 인생의 축소판"이라고 합니다.

- 세곡동 사거리(우회전): 입을 굳게 다물고 긴 여정을 버텨봅니다. 초인적이고 강인한 정신력으로 잠실 운동장 트랙 돌아 마음속으로 잠실 운동장 피니시 라인을 넘는 승리의 환희를 그려 봅니다.

- 수서역: 길옆 가로수 길 낙엽이 떨어지고 남은 앙상한 나뭇가지에는 동계 겨울 준비를 하는 모습이 보입니다.

- 탄천교: 삶을 살면서 가장 큰 기쁨은 "너는 그것을 할 수 있어"라는 말의 힘을 실감할 때입니다. 세상 사람들이 말씀하시는 힘과 가능을 성취시키는 일입니다.

- 삼전동 사거리(좌회): 길가에 노랑 단풍이 정열적이며 황홀하고 아름답습니다.

- 잠실 종합 운동장 사거리: 참가 선수 그리고 가족 대회 관계자 여러분들 모두가 화합을 이루는 한마당 잔치라는 생각이 듭니다. 중앙 서울 마라톤 대회로 인해 세계 마라톤 명품 도시 서울특별시가 될 것 같습니다.

달리면서 순간순간은 힘들고 고되었지만 "승리의 기쁨"을 느끼고 "범사에 감사"하며 풀뿌리 마라톤 참가 동호인들과 소통하면서 함께 웃고 즐기며 가을의 아름다운 단풍과 정취를 느끼고 아름다운 추억을 많이 만들었습니다.
좋은 추억을 간직할 수 있음에 대단히 감사합니다.

2009년 경주 벚꽃 마라톤 대회 참가 후기

◆ 일시: 2009년 4월 4일(토)
◆ 날씨: 맑음(화창한 봄 날씨)

일기예보에 주말 날씨가 좋아 바깥 나들이하기 좋겠다는 말이 들렸습니다.

기온도 주말 내내 봄 햇살도 종일 밝게 내리쬘 전망입니다.

야외 행사하기에도 좋겠는데요. 다만 일교차가 크기 때문에 아침저녁은 한낮에 비해 다소 쌀쌀하겠고 또 대기가 건조해 화재 가능성도 높겠습니다.

벚꽃이 만발한 보문호수 주변에서 개나리꽃 진달래꽃이 피어나고, 들판에는 새싹이 파릇파릇 돋아나는 모습이 보기 좋습니다. 새순이 돋아나며, 생동하는 봄은 여자의 계절이라고 합니다.

경주 벚꽃 마라톤 대회는 관광지 보문단지 경주 타워가 있는 엑스포 광장에서 출발하여 찬란한 신라 천년의 고도로 화려했던 세계 문화 유적지인 경주 남산 그리고 천년 고적지를 돌아 시내를 순환하는 비교적 경사가 없고 완만한 코스입니다.

포항에서 김영곤 님과 승용차로 05:50분에 포항 집에서 출발하여 06:40분 대회장 보문 엑스포 광장에 도착하였습니다.

07:00분경에 탈의실에서 운동복을 갈아입고 물품 보관소에 가방을 맡긴 후 화장실 용변을 보았습니다. 긴장 탓인지 떨리며, 느끼는 기온

이 아침이라 약간 추운 느낌이 듭니다.

　07:40분경 조깅과 스트레칭을 시작하고부터는 추운 기온이 약간씩 없어지고 체온이 약간 올라가는 느낌이 들었습니다. 날씨도 평년 기온이라 달리는 데 최적인 것 같습니다.

　오늘 하프 목표는 1시간 30분대로 설정하고 마음을 가다듬면서 하늘에는 헬기와 애드벌룬이 요란하게 대회장 주위를 돌고 있으며, 사회자의 카운트다운이 들려옵니다. 출발 초반에는 몸이 풀리지 않은 까닭에 조심스럽게 천천히 달리기 시작하였습니다.

　일만 삼천이 넘는 전국 마라톤 마니아 대회라서 그런지 어느덧 약간의 흥분된 느낌과 기쁨으로 서서히 나도 모르게 신나게 달릴 수가 있었습니다. 아름다운 보문호수와 천년의 고도 덕동 댐과 보문 호수에서 내려오는 하천을 지납니다.

　조상의 혼과 얼이 살아 있는 고적의 도시 코스 중간중간 장구와 북소리가 달리는 이에게 더욱더 힘을 줍니다.

　경주 시내를 순환하다가 보니 교통 통제가 심한 것이 옥에 티 같았습니다. 가끔 운전자와 경찰관과 실랑이를 하는 장면을 볼 때 왠지 나 자신이 죄송스러운 마음이 들었습니다.

　좌측으로 상가들과 발이 묶인 관광객들 열렬한 응원으로 달리는 기쁨이 배가 되고 경주 문화 유적지들 사이로 달린다는 것이 얼마나 행복한 일인가요!

　벚꽃이 만발한 도로를 따라 달리는 동안 신선한 봄바람 그리고 아름답고 향기로운 꽃길이 환상적입니다.

"도전과 꿈에는 마침표가 없습니다."

요행을 바라지 않고 묵묵히 한 걸음 한 걸음 앞으로 향해 나아가는 단순한 진리를 터득하고 배웠습니다.

인생살이를 흔히들 마라톤(42.195km)에 비유합니다.

마라톤은 달리기를 하면서 범사에 감사, 인내와 끈기를 가지고 피니시 라인을 통과하는 것이 인생살이와 흡사하다고 합니다.

달리기는 건강을 위해 신이 내린 최고의 선물입니다.

경주(달리기 경기)에서 배울 만한 몇 가지를 열거하겠습니다.

첫째: 경주는 상대방과 달리면서 경쟁심과 인내력을 키울 수가 있습니다.

둘째: 경주는 머릿속으로 살아 있는 아이디어를 그리면서 무엇이든지 할 수 있다는 사고력을 키울 수가 있습니다.

셋째: 올해는 세계적으로 경제가 어렵다고 합니다. 그러나 결코 좌절하거나 포기하지 않고 고통을 극복하여 내일의 희망찬 삶으로 이어 가는 것입니다.

마지막으로 포스런 마라톤 동호회 강석호 님이 건강하게 달리는 모습은 타인의 귀감이 되었습니다. 풀코스 마라톤 100회 완주를 진심으로 축하드립니다.

2012년 경주 동아
국제 마라톤 대회 참가 후기

◆ 동아일보 2012년 경주 국제 마라톤 사전 주 후기
◆ 일시: 2012년 8월 26일(일요일)

　동아일보 경주 국제 마라톤 사전 주에 참가하기 위해서 이른 새벽 집을 나섰습니다. 포항시 동호회 회원들과 구 효자 검문소에서 만나 차량 2대에 나누어 탔습니다. 경주 대회장으로 출발해서 외팔교를 지날 무렵에는 안개가 자욱하여 한 치 앞을 구별하기 어려웠습니다. 한참을 지나니 안개는 서서히 자취를 감췄습니다. 차창 밖 풍경이 눈에 들어왔습니다. 바깥 풍경에 젖어 눈을 돌린 틈에 차는 어느덧 대회장에 진입하고 있었습니다.
　습도가 높으며 구름 낀 날씨였습니다. 황성공원 시민 운동장 입구에 도착했습니다. 대로에는 주행하는 차량이 보이고, 간간이 조깅하시는 사람과 산책하는 사람이 보입니다.
　경찰 선도 차량, 동아일보 사무국 차량 운동장 입구 피니시 라인에서 경찰 선도 차량 급수 차량 출발 구령 소리와 보조를 맞추며 공원을 낀 대로 길을 돌아 북천교 지날 무렵 오고 가는 차량과 사람들이 많이 보입니다.
　마라톤 대회는 인내와 지구력이 요구되는 경기로서 단기간 성과를 이루기보다 꾸준히 연마하고 연습하는 것이 부상도 줄이며 롱런의 지

름길입니다.

 번화가 성건 시장을 지날 무렵 발길을 멈추며 격려의 박수를 보내는 사람들도 보이며 경주역을 경유했습니다. 역은 우아한 기와 한옥으로 건축된 깃이 특색입니다.

 팔우정 사거리를 지나 쭉 뻗은 대로를 따라 달리다가 우측으로 회전하니 반월성 석빙고 계림 숲 옆 첨성대 가는 길은 잘 단장된 가로수가 벚꽃 길이며 대체로 평지이며 세계 문화 유적인 여기저기 왕릉이 보이며 연못에는 연꽃이 만발하여 발길을 유혹합니다.

 오릉 가는 도로 옆에 들판이 보이며 저 멀리 남산이 병풍처럼 펼쳐집니다. 오릉 담장을 따라 한 바퀴 돌아 대로길 좌우에는 벼와 채소밭이 도시 속의 농촌을 보여준다고 할까요. 올해도 풍년이 들길 염원하면서 힘차게 달리는 동안 어느덧 서라벌 사거리를 경유했습니다. 중앙 시장에 가는 길은 사람과 차량이 잠시 멈추고 손을 흔들며 격려의 박수를 보냅니다.

 경주여고 정문 부근에서 유턴하여 시 외곽 강변도로 길은 경주시 천을 끼고 달리는 코스로서 저 멀리 좌측으로는 서쪽 서천내 옆 김유신 장군 묘, 동국대학교 경주 컴퍼스 위치하고 있으며, 현곡리 고층 아파트와 우측으로는 황성동 그리고 여기저기 고층 아파트가 서 있습니다. 용강동 공단으로서 이곳은 새롭게 주거지가 형성된 곳입니다.

 넓은 대로를 따라 한참 달린 후 하프 지점인 신당리 부근에서 유턴하며 왔던 길을 되돌아가는 코스였습니다. 어느덧 힘들고 지칠 시간입니다. 경주 시내 중앙 시장 방향으로 되돌아가면서 급수한 바나나와

초코파이, 물도 마셨습니다. 오늘 참가한 모든 선수가 더운 날씨 탓에 힘들어하는 것 같습니다.

강을 흐르는 물을 보니 '물은 삶의 원천이며 시원한 오아시스' 같습니다. 땀으로 흠뻑 젖은 비 온 후 천을 따라 세차게 흐르는 강물에 풍덩 들어가고 싶습니다.

대능 지날 무렵 잘 단장된 공원 넓은 주차장에는 관광버스와 승용차 전국에서 관광 오신 귀한 손님이 많이 보이며 기념품 상점과 수많은 식당에서 굽는 고기 냄새가 진동합니다.

세계 문학 유적지인 시내를 돌아 외곽 강변 코스 길은 비교적 경사가 없고 완만한 평지 코스입니다.

마라톤은 '자신과 끝없는 싸움으로 초인적인 극기와 인내 끈기를 요구하는 투혼의 스포츠'이며, 우리 민족이 어려울 때 용기와 희망을 준 스포츠입니다.

차량이 움직이면서 구간마다 생수와 바나나, 초코파이를 공급하는 모습이 매우 이색적입니다.

아무튼 달리기는 꾸준히 연마하면 '건강을 위해 신이 인간에게 내린 최고의 선물'이 될 것입니다. '범사에 감사'하는 시간은 우리에게 주어진 기회입니다.

아름다운 산천 자연의 맑고 깨끗한 공기 속에서 마음껏 달리고 즐기며 천 리 길도 한 걸음부터라는 말을 되새깁니다. 경주 동아 국제 마라톤 대회를 성공적으로 준비하고자 굳게 다짐을 하여 봅니다.

평소에 경주와 포항은 회원들에게 형제 도시나 다름없이 유대를 공고히 하고 있으며 경주는 신라 고도 천년을 자랑이며 기와 한 장, 돌 하나도 소중한 문화재로서 가치가 있는 곳이니, 살고 계시는 시민으로서 자긍심 가져도 좋을 것 같습니다.

참고로 마라톤 대회 참가힐 때는 몸에 잘 맞고 가벼운 러닝화, 러닝복을 착용하고 경기에 임해야 합니다.(대단히 중요함)

오늘 여러 사람과 "함께 달리는 기쁨이 두 배" 전국에서 동호회 회원이 많이 참가해 주셨습니다. 지원해 주신 경주 마라톤 연합회 동아일보 사무국, 경찰 차량과 교통정리까지 해 주신 경찰관에게 감사를 드립니다.

"파도는 멈춘 적이 없습니다."

2013년 경주 동아 국제 마라톤 대회 참가 후기

1995년 3월 경주 국제 마라톤(골드라벨 현재: 서울 마라톤 대회) 첫 풀코스 42.195km(105리) 참가 후 풀코스 50회 달성을 하였으며, 지금은 행복한 가정, 직장 생활, 사회 활동(동호회, 봉사 활동) 등 마라톤 정신이 깃든 삶을 살아가고 있습니다. 범사에 감사하며 살다 보니 나 자신 정신 개조의 밑거름이 된 것 같습니다.

혹독하게 더웠던 올 여름, 피로와 스트레스가 잔뜩쌓인 날, 한밤중에 운동복을 입고 손전등을 들고 가로등 켜진 장성동 뒷산 길을 달렸습니다. 3개월 동안 하루 평균 10km 정도 조깅 달리기를 하였으며 미치지 않으면 할 수 없을 정도로 매일매일 달리기 후 운동복을 1벌씩 세탁하였습니다. 지금 돌이켜 생각해 보니 마라톤 대회 준비는 충분히 한 것 같습니다.

올여름 기록적인 더위와 열대야가 기승을 부리던 여름이 지나고 계절이 지나 어느덧 아침저녁으로 선선한 기온입니다. 경주 동아 국제 마라톤 대회 참가하기 위해 마니아 여러분들이 모였습니다. 대회장 황성 공원은 소나무 명소이며 박목월의 얼룩송아지 시비와 최시형 동상, 궁도장과 시립 도서관, 경주 예술의 전당들도 볼거리입니다. 참가한 선수들이 분주히 움직이며 준비하는 모습을 볼 수가 있습니다.

경주 고도는 발길이 닿는 곳마다 정취와 옛 선조의 지혜와 정신이 깃들어 있습니다. 초긴장되는 순간 사회자의 내빈 소개가 끝나고 카운트다운이 시작됩니다. 출발 신호와 동시에 하늘에는 취재 헬기가 분주히 움직입니다. 곧 폭죽이 터지고, 응원 오신 가족과 손을 흔들며 거대한 행렬이 서서히 움직이기 시작합니다. 호흡과 숨을 조절하면서 마음속으로 완수 의지를 다짐하고 당당한 폼으로 밀림에서 굶주림에 먹잇감 사냥하듯이 원기 왕성하며 포효하는 사자의 모습같이 쏜살같이 달려 나갔습니다. 초반이라서 참가한 선수 모두가 힘차게 질주합니다.

대로를 돌아 우측에는 화랑 출신으로 삼국통일의 일등 공신인 김유신장군, 말을 타고 하늘을 포효하는 장군의 모습을 뒤로하고 힘차게 달려 나갑니다.

팔우정 사거리 우측편 천마총 저 멀리 경주 국립 박물관이 보입니다. 잘 단장된 가로수길, 아름다운 꽃 활짝 핀 코스모스 길을 바라보니 자연의 신비롭고 오묘함을 느낄 수 있습니다.

마음이 급한지 추월하는 선수가 보입니다. 숨을 조절한 선수들은 뒤를 돌아보지도 않고 앞만 보면서 뛰는 것이 아마추어 마라토너의 특징입니다.

팔우정 해장국 거리가 쪽샘 지구 정비로 바뀌었다고 합니다. 경주는 992년간 신라의 도읍지로서 노천 박물관으로 불리는 남산, 천마총, 불국사, 석굴암, 양동 민속마을, 세계 문화유산으로 지정된 도시입니다. 저 멀리 붉게 물들어 가는 남산을 바라보면서 나의 머릿속으로는 오늘의 하이라이트인 피니시 라인을 통과하는 환희의 기쁨을 그려 보았습니다.

결실과 풍요의 계절 농촌 황금 들판에 오곡백과 탐스런 과일이 오늘 같은 더위를 먹고 알차게 여물고 있을 것입니다.

무르익은 곡식과 과일 황금색 들판이 펼쳐지며 맑고 푸른 하늘이 나를 더욱더 풍요롭게 하는 것 같습니다.

가을 정취가 성큼 다가온 계림 숲, 반월성, 포석정, 신라 시대 천문대 첨성대, 나들이 나오신 여러분들의 박수 소리를 뒤로하고 숨은 목까지 차오르지만 행복도 한 아름 안겨줄 희망과 기대로 황성공원 결승선을 향해 힘차게 뛰었습니다.

경주는 토함산 남산을 비롯한 병풍처럼 펼쳐지는 산 전체가 국립공원으로 지정되어 있습니다.

하천을 끼고 흐르는 맑은 물 건너편 먼 산에는 붉게 타오르는 단풍이 보였습니다.

달리는 선수들의 오색 형형한 옷 색깔이 아름답습니다. 신라 천년의 수많은 왕릉, 화려했던 웅장한 기와집까지, 시내 전체가 고적 도시를 말하듯 우물가에 무심코 사용하고 있는 돌로 된 빨래판 하나까지도 문화재라고 합니다.

신라 천년의 비밀은 무궁무진한 것 같습니다.

경주 최부자 댁, 작은 종갓집 요석궁, 선덕 여왕의 리더십에 대한 이야기는 모두 알고 있겠지요. 녹차를 들면서 국악을 감상하는 서악서원, 동궁식물원 화조원 버드파크가 유명합니다.

서천을 따라 흐르는 강물이 유유히 흐르는 모습이 시원스럽고 주위 푸른 산과 맑은 물을 보는 것만 해도 오아시스 같은 느낌이 절로 납니다.

탐스럽게 잘 익은 포도, 붉은 색깔의 사과, 노란색의 배, 딱 벌어진 알밤, 속이 꽉 찬 배추밭, 풍요로움을 만끽할 수가 있는 있는 가을 타오르는 정열과 혼을 담아 달리기에 열중하면 정신도 맑아지고 쌓인 스트레스도 싹 날아갔습니다. 하지만 아무리 잘 준비하고 훈련해도 부상이 찾아오면 모든 것이 허사입니다.

평소에 규칙적인 생활과 꾸준한 운동으로 최상의 컨디션을 유지해야 하며 금연, 금주(폭주), 충분한 수면과 건전하고 건강한 생활 습관을 유지해야 합니다.

동아일보 2013년 경주 국제 마라톤(실버 라벨)은 어느 해보다 뜨거웠던 여름이 지나가고 은은한 가을의 정취가 살아 숨 쉬는 단풍이 물든 산을 보면서 진행되었습니다. 신라 천년의 수도 경주 황성 공원 운동장 유유히 흐르는 동천 서천 북천 멋스럽게 산을 감싸고 저 멀리 김유신 장군묘 동국대 경주 캠퍼스와 현곡리가 보이며 강과 산 경치가 너무 아름답습니다. 무릎이 파스로 뒤덮여가도, 주저앉은 다리에 경련이 몰려와도 힘차게 박차고 오뚝이같이 일어나 참고 견디며 달리기에 집중하였습니다. 마라톤은 다른 사람과 경쟁보다는 자신과 싸움이 중요한 종목입니다.

달리는 코스 길옆으로는 시민 여러분들이 많이 나오셔서 힘찬 격려의 박수로 응원해 주시는 모습이 인상적이었습니다.

맑고 화창한 가을 하늘 아래 평소 흘린 땀과 용기, 불굴의 도전정신으로 마음껏 달려 봅니다.

어느덧 하늘에는 애드벌룬이 보입니다. 105리 길을 달리면서 포기하고 싶었지만 "자신과 싸움에서 승리"했습니다. 비록 지치고 힘들지만 남은 에너지와 마지막 젖 먹은 힘을 다하면서 환한 "기쁨과 감사"를 느낍니다. 무엇이든지 할 수 있는 자신감으로 피니시 라인을 통과하였습니다.

"건강한 신체에 건강한 정신 깃든다."

2013년 서울 중앙 마라톤 대회 참가 후기

수확의 계절, 결실의 계절 가을입니다. 서울에 가는길, 농촌 들판은 곡시, 채소, 과일로 가득해 농부가 추수의 기쁨을 누리고 있습니다.

울긋 불긋 단풍과 함께 깊어가는 가을, 가을 향기가 가득한 가운데 맑은 하늘빛처럼 그윽한 코스모스, 들국화 향기가 은은히 퍼지는 대로를 따라 달리는 2013년 서울 중앙 마라톤 대회는 수도 서울에서 개최되었습니다. 온 국민과 세계인이 함께 뛰는 명품 축제의 장이 되었습니다.

모든 운동이 마찬가지이지만 달리는 기본자세는 마라톤 달리기에 있어 가장 중요합니다. 턱은 약간 당기며 전방 30~50m를 보며 앞사람의 상의를 보면서 달립니다. 팔은 V자 형태로 약간 앞으로 구부리고 가볍게 앞뒤로 흔듭니다. 허리를 지면과 수직에 가깝게 하고 가슴은 자연스럽게 젖히고 편하게 유지하는 것이 좋습니다. 팔 착지는 팔꿈치부터 닿고 발뒤꿈치, 중간 발가락 순으로 발바닥에 몸 전체를 지지하도록 합니다.

마라톤에 입문 후 20년이 흘렀습니다. 20년 동안 흘린 땀방울만큼 흰머리도 하나둘 늘어가 지나간 세월의 무상함을 느낄 수가 있습니다.

세계 육상 경기 연맹에서 실버 라벨 대회로 인정한 전국 각 지역에서 마니아 선수들이 출전한 아주 수준 높은 대회이며 국제 남자 휠체어 엘리트 부문에선 함께 묶은 끈으로 서로의 눈이 되어주며 감동을 연출합니다. 지방에서 개최되는 대회보다는 메달의 값어치가 있으며 케냐, 에티오피아, 중국, 일본, 아시아 선수 등 출전을 많이 하고 대한민국 대표급 마라톤 대회이며 생활 스포츠 통하여 국민의 건강에 많은 기여를 하였습니다.

무엇보다도 마라톤 참가자들은 대회 날 제일 먼저 자신의 컨디션을 살피는 게 중요합니다.

고층빌딩, 달리는 대로 옆 인도에 나오셔서 격려의 박수로 환영해 주시는 시민들의 모습이 보입니다. 대형 북소리 풍물놀이 취악대, 동호회 가족, 자원 봉사자, 교통 경찰관, 환자 후송 119 구급대 본부석, 칩반납처… 따뜻한 손길이 너무나 고귀하고 아름다우며 달리는 선수들에게 용기를 북돋아 줍니다.

힘들고 어렵지만 생각을 바꾸며 마음에 위안과 할 수 있다는 여유를 가지며 완주할 수가 있었습니다.

긴 겨울 차디찬 땅에서 얼음이 녹고 새봄에는 새싹이 돋아나듯이 이 순간 달릴 수 있다는 것은 행복한 일이며 희망의 전도사가 될 겁니다.

훈련 장소로는 딱딱한 아스팔트 도로보다는 평지 길, 모래 밭길, 경사가 없는 산길 또는 흙길에서 하는 것이 부상 방지를 위해 좋습니다.

결승선에서 기쁨과 환희를 느꼈습니다. 메이저 대회에 출전해 부상 없이 멋진 플레이를 하였으며 금지와 인내를 배울 수 있는 귀중한 시간이었습니다. 사랑과 나눔으로 올바른 삶을 살아가면서 각종 병마와 싸워 승리할 수 있으며 재충전과 에너지가 충만하고 범사에 감사하게 되었습니다. 그리고 직장에 돌아가서 더욱더 맡은 직분에 충실히 하고자 합니다.

"건강한 체력 튼튼한 국력."

2014년 울산 마라톤 대회 참가 후기

(페이스메이커)
1. 출발 지점·골인 지점(피니시 라인) 통과 지점까지 일정한 속도로 달려야 하는 것이 특징이다. (오버 페이스는 금물이다)
2. 손목에 초시계, 시간표 차트를 차고 구간마다 통과 시간을 체크하면서 달려야 한다. (유유히 흐르는 강물이 흐르는 것 같이 부드럽고 사뿐사뿐 러닝할 것)
3. 참가한 선수에게 달리는 주법, 자세, 호흡, 복장 신발 고르는 법 등을 전수하고 대회에 참가한 선수와 함께 즐긴다는 마음으로 대회에 임할 것.

    울산은 태화강, 방어진, 염포, 장생포항 중심으로 도시가 형성되어 있으며 항만 중심으로 공업이 발전되고 산업 도시로 발전할 수 있는 천혜의 입지 조건을 갖추고 있습니다.
    지난 2월에는 닭과 오리 AI가 전국적으로 엄습하였고 폭설이 자주 내리며 빙판길로 인해 미끄러운 길 한동안 운동을 하지 못했습니다. 추운 겨울이 지나가고 만물이 생동하는 봄을 알리는 징조가 나뭇가지에 새순이 돋아나는 것 같습니다.
    일본 아베 정부에서는 독도는 일본 땅이라고 우기는 민감한 시점에 기미년 3.1절 독립운동을 되새길 겸, 흐트러진 나의 마음가짐과 투철한 국가관을 확립하고자 3시간 45분대 페이스메이커를 결심하였습니다.

2014년 울산 마라톤 대회
독도 사랑 전국 페이스메이커 하프 1시간 40분 수행

2015년 제24회 벚꽃 마라톤 대회 참가 후기

◆ 2015년 4월 4일 (토) 맑음 세계문화 엑스포 광장 앞

　새벽 알람 소리에 일어나 식사를 하고 운동복 준비물을 챙겨 동트기 전 새벽에 집을 나오니 약간 쌀쌀합니다. 새벽, 온통 세상에 쓸쓸함과 적막감이 감돕니다.

　지금 나의 마음은 전장에 나가는 병사와 같이 초조함과 긴장감이 감돕니다. 대회장 입구부터 사람과 차량을 통제하고 수신호를 따라 고수부지에 주차를 시키고 도보로 대회장 가는 길 여기저기에는 현수막, 텐트, 천막이 보입니다. 애드벌룬이 바람에 나부끼며 대회를 홍보하고 있습니다.

　추위에 떨며 사람들이 분주히 움직이는 모습을 볼 수가 있었습니다. 용변을 보려고 길게 서서 기다리는 마라톤 대회 참가자 여러분들의 모습을 보니, 힘들고 고독을 즐기는 대회를 실감합니다.

　배동성 사회자의 마이크 소리와 헬기가 분주히 움직이며, 풀코스 출발 전 내빈 소개 조금 후 폭죽과 함께 거대한 대열이 힘차게 움직이며, 10분 후 하프 출발과 동일하게 출발을 알립니다.

　화려한 신라 천년 선조 문화의 정취와 벚꽃 향기 가득한 가로수길 날씨도 화창하고, 보문호의 물결도 잔잔하고 푸릅니다. 수려한 자연 경관 아래 레이스가 펼쳐지고 오색 형용한 대열이 너무 멋집니다. 경주시는 체육 인프라 시설이 잘 갖추어져 있어 각종 대회를 개최할 뿐만

아니라 선수들에게 대단한 각광을 받고 있습니다.

　사화자의 출발 신호와 함께 힘차게 달리며 앞서거니 뒤서거니 하면서 달리며 사자가 포효하는 모습같이 힘찹니다. 오르막 내리막 마라톤 코스는 인생 역경과 같아서 힘든 달리기를 완주하는 것만으로도 대단한 것 같습니다.

　참가 선수 여러분과 함께 아름다운 벚꽃 길을 달리고 즐기며 겨우내 갈고닦은 체력을 테스트할 겸, 오늘 하루가 보람차고 유익한 날입니다. 경주는 야산 전체가 국립공원이며 남산을 비롯한 여기저기 아름다운 산들이 즐비하게 있으며 국립 박물관, 불국사, 석굴암, 안압지, 천마총 등 많은 문화유산이 산재해 있는 도시이고 구석구석 오감을 만족하는 보물들이 많이 있습니다.

　마라톤은 '나의 삶의 활력소'이며 내 안의 자신과 싸우면서 인간 한계를 극복하는 것이기 때문에 웬만한 시련과 도전도 포기하지 않는 것입니다.

　한 송이 아름다운 꽃이 피어나기 위해서는 토양, 공기, 바람, 비가 필요하듯이 사람도 도전 없이는 진정으로 빛날 수 없습니다.

　간식과 메달을 수령하고 기쁨 또한 배가 되었습니다. 길게 늘어선 줄에서 국수와 어묵 배식하시는 여러분 덕택에 허기를 채우고 운동복을 갈아입고 가족과 만나 식당으로 향하였습니다.

　이번 대회에선 그동안 일상의 쌓인 피로를 풀고 천년고도 경주에서 나의 가족, 참가 동호인들과 함께 웃고 즐기며 박수치며 아름다운 추억을 많이 만들었습니다.

도로변에서 응원해 주신 경주시민 농악대, 시 체육회 관계자 및 자원봉사자, 취재 촬영진분들, 교통경찰 여러분 119 구급대를 비롯하여 본 대회 준비를 위해 힘써 주시는 모든 분들께 진심으로 감사의 인사를 드립니다.

2015년 서울 동아 국제 마라톤 대회 참가 후기(페드롤)

꽃샘추위가 물러가고 본격적인 봄이 시작되는 생동하는 3월 중순입니다.

주로 안전은 대회의 성공적 개최와 참가 선수 여러분 안전을 위해 자생적으로 구성된 봉사 단체로 아마추어 마라토너 안전 지킴이로 회자됩니다.

국제육상경기연맹(IAAF)이 골드라벨 대회로 인정하고 3월 15일 개최되는 2015년 서울 국제 마라톤 겸 제86회 동아 마라톤은 참가 선수와 관계자 언론 및 관중으로 광화문 광장은 인산인해(人山人海)입니다.

주로 안전 부스에서 참가 회원님과 기념 촬영 후 가방을 택배 차량으로 보냈습니다. 출발 지점에는 전국에서 참가한 철각들의 얼굴이 보입니다.

'건강은 행복한 삶으로 살아가는 지름길'이 될 것입니다.

이번 마라톤 대회는 수도 서울에서 젊은 참가 선수 여러분들과 함께할 수 있고, '패기와 자신감, 긍정적인 사고'도 가질 수 있는 기회입니다.

낮 기온이 올라가면서 모처럼 봄을 즐기려는 광화문 광장을 출발하여 잠실 주경기장 피니시 라인까지 사람들이 보내는 박수와 파이팅으로 힘이 절로 납니다.

전국에서 참가한 선수들과 젊은 패기와 열정이 가득하며, 함께 달리고 즐기며 지치고 힘들고 포기하는 선수에게는 격려 말씀과 간단한 응급 처치, 긴급 구조를 요청하는 것이 사명이며 대회에서 가장 중요한 것은 달리는 선수 여러분들 안전입니다.

최대 에너지에서 2% 부족한 상태로 달리면 가장 좋습니다.

참기 힘든 고통을 참아 가면서 극복하는 인내심, 강인한 정신, 함께 달리며 기쁨 가득한 아름다운 추억을 오래토록 간직할 수 있는 멋진 대회가 되시기를 진심으로 바랍니다.

잠실 주경기장에는 전국 마라톤 동호회 회원 가족 자원 봉사자분들로 가득합니다. 먹거리, 즐길 거리, 볼거리가 어우러진 축제의 장이며, 풀뿌리 마라톤 참가 선수 여러분들이 운집해 있습니다. 약동하는 봄기운을 만끽하며 달리는 선수들 파이팅! 격려의 박수와 갈채를 보냅니다.

"범사에 감사합니다."

올해도 건강하고 부상 없는 한 해가 되길 기원합니다.

2016년 울산 마라톤 대회 참가 후기 (페이스메이커)

하루 전날 울산에 도착하여 찜질방에서 선잠을 자고 아침 식사 후 대회장에 도착하였습니다. 아침 일찍부터 문수 양궁장에는 전국에서 울산 마라톤 대회 참가한 선수들, 달림이 가족 여러분들을 볼 수 있었으며, 3월 첫날 봄을 시샘하듯 매섭고 쌀쌀한 날씨였습니다. 바람이 약간 불었습니다.(상의, 하의, 타이즈, 운동복, 배 번호, 마라톤 신발, 선글라스, 안경, 손목시계, 손수건, 머리띠, 파워젤을 챙깁니다.)

새해에 봄 시작과 함께, 울산 마라톤 대회는 3·1운동이 있던 뜻 깊은 날 시작되었습니다. 나라를 생각하면서 일제에 맞섰던 선조들의 기상과 나라 사랑의 정신도 되새깁니다. 참가 선수와 함께 레이스를 펼치며 일정한 페이스 조절을 하면서 오늘 대회가 더욱더 뜻깊은 하루가 되길 바랍니다. 움츠렸던 삼라만상이 기지개를 켭니다. 전국에서 많은 동호인 여러분들이 참가하고 대회 권위도 높아졌습니다.
울산광역시는 천혜의 온난한 기후를 가진 항구 도시이며, 울산 마라톤 대회는 국내 중화학 공업의 요람 스포츠 활동이 왕성한 전국에서 많은 마니아가 참가한 대회입니다.
개막과 사회자의 출발 신호를 따라 운동장 트랙 한 바퀴 돌아 긴 내리막길, 보폭과 호흡을 조절하면서 달릴 코스를 머릿속으로 그려 봅니다.

추운 겨울철이었지만 운동복을 입고 바다 모래 백사장에서 연습했습니다. 하지만 구간마다 경사가 심한 산업도로 언덕길이며 인간 한계를 향한 도전이 쉽지 않습니다. 풀코스에 참가한 선수들의 안정된 편안한 페이스 조절을 위해서는 페이스메이커 역할이 매우 중요합니다.

2km 지점 문수 수영장을 지나서 도로 양쪽 길은 한산하며 참가한 선수들이 각자 페이스를 조절하면서 힘차게 달리는 모습을 볼 수가 있습니다.

구치소 삼거리에서, 우회전 문수 월드컵 경기장 정문 앞 4km 옥현 사거리에서, 우회전 남부 순환도로 대공원 남문 앞 갈현가든에서 우회전, 7.5km 신두왕로 덕하 검문소 500m 전방 10.5km 1차 반환점을 돌아 힘차게 레이스를 합니다. 동계 동안 다져온 체력을 마음껏 발휘하면서 봄기운 꿈틀대는 아름다운 산과 농촌 추수가 끝난 넓은 들녘의 이색적인 풍경도 만끽하였습니다.

감나무진 삼거리(두왕골) 15.5km 2차 반환점 돌아 도로 양쪽으로 긴 오색 형용한 물결로 장관이며 참가 선수 서로가 파이팅을 외칩니다.

대공원 남문(18km) 남부 순환도로 옥현 사거리 좌회전(20.5km) 대로길과 소로길 교차 언덕이 많으며 내리막길 보복을 부드럽고 가볍게 하면서 손목을 간단히 풀어 봅니다.

문수 IC 500m 전방 31km 3차 반환점 강인한 정신력으로 고통을 참으며 숨 가쁜 호흡을 계속해야만 했습니다.

구치소 앞 39km 지점 간혹 다리에 쥐가 나서 주무르는 사람도 보입니다. 문수 수영장을 지날 무렵 본인 자신도 힘들어서 포기하고 싶고 그만 뛸까 생각도 하였습니다. 그러나 초인적인 강인한 영감을 불어넣으며 큰 꿈을 향한 여정을 시작하기 위해 어려운 순간들을 극복하고 범사에 감사, 남은 모든 에너지를 발산하면서 후회 없는 경기를 하였습니다.

문수 월드컵 경기장이 보이니 바짝 긴장이 됩니다. 긴 언덕길 달리는 것이 걷는 것인지 뛰는 것인지 모를 정도로 에너지가 소진되어 있으며 힘든 고통을 인내하면서 문수 수영장 긴 언덕길 지나 트랙 한 바퀴 돌아 피니시 라인에 골인하니 그 성취감은 말로 형용할 수가 없습니다.

이곳은 오르막 내리막 코스가 반복되어 난코스로 정평 나 있습니다.
"천재는 노력하는 자를 절대 이길 수 없습니다."
최선을 다한 경기이며, 페머 시간도 맞추고 최선을 다했다고 생각하니 한없는 기쁨으로 감개무량(感慨無量)하며, 간식과 메달 기록증 수령하니 기쁨도 배가 됩니다.

마라톤 대회는 누구의 도움도 받지 않고 혼자만의 긴 여행이긴 하지만 함께 뛰는 러너가 있어서 행복한 하루였습니다. 선수 가족을 위해 두부, 막걸리, 떡국을 배식해주신 자원봉사자분들, 시민 여러분 주로 교통정리에 힘써 주신 경찰관분들, 만일 을 대비한 구급차량 등 본 대회에 힘써 주신 여러분들 진심으로 감사를 드립니다.

2016년 서울 중앙 마라톤 대회 참가 후기

"함께 달리며 기쁨 두 배"

포항에서 고속버스를 타고 포항 시청 경유 시내를 빗어나자마자 차창으로 펼쳐지는 농촌 풍경이 아름답습니다.

산에서는 울긋불긋한 단풍, 가로수 길에는 노랑 은행나무 빨강 사과 주렁주렁 수확을 기다리며 농촌 황금 들판에서는 농부들이 분주히 추수하는 모습이 보입니다.

늦가을 정취를 흠뻑 느끼며 바람을 가르는 상쾌한 기분이 들며, 가을은 넉넉하고 풍요로운 결실의 계절입니다.

아침 흐리고 약간 추운 날씨이지만 도보로 보라매 전철역으로 향하였습니다.

깜박 휴대폰을 식탁에 놓고 온 것입니다.

되돌아가기에는 시간이 촉박하여 지하철에 올라 환승역인 대림으로 향합니다.

대회장 물품 보관소와 화장실에 길게 늘어선 대열 참가 선수 가족 여러분들이 분주히 움직이는 모습이 보입니다. 외국 초청 선수, 대표선수, 휠체어 부문 장애인 비장애인이 함께 달리는 중앙 서울 마라톤 대회는 참가 선수 모두가 축제의 장이었습니다.

수많은 참가 선수들이 출발 신호와 함께 마치 용맹한 맹수 같이 앞서거니 뒤서거니 하면서 질주하는 모습은 그야말로 진풍경이었습니다.

오색 형용한 물결이 아름다운 장관을 연출하는 하루였습니다.

　잠실역 사거리(1.5㎞)에서는 서울 시민 여러분들 격려의 박수에 활력이 솟구쳐지며 무사히 완주를 하겠다는 다짐을 합니다.

　봉촌 토성역(3㎞)을 지날 땐 마음속으로 기분도 상쾌하지만 벌써 도착 지점 잠실 종합 운동장 트랙을 한 바퀴 돌아 완주하는 나의 모습을 그려 봅니다.

　제107회 보스톤 마라톤 대회에 출전했지만 넘치는 패기로 힘차게 추월해서 질주하는 젊은 선수들의 모습을 보면서 나이는 못 속인다는 격언을 의미해 봅니다.

　천호 사거리(1.5㎞)에선 인생살이는 마라톤과 흡사하며 "열정과 흘린 값진 땀방울 인내력의 결과"라고 생각하면서 힘차게 질주해 나갑니다.

　길동 사거리(1.5㎞)를 지날 때는 흐리고 포근한 날씨 속에 참가한 대회가 비록 힘은 들지만 응원 나오신 시민 여러분들이 전통 악기가 너무 흥겨운 응원 소리 덕택에 발걸음이 한결 가벼워지며 시민 학생 여러분들과 하이파이브 하면서 질주를 했습니다. 가락시장 사거리(1㎞)에선 교통을 통제하시는 경찰관 그리고 참가 선수 안전을 위해 봉사자 여러분들이 수고해 주셔서 편안하게 달릴 수 있었습니다.

　수서 IC(8㎞) 지점입니다. 마라톤은 남에게 의지하지 않고 처음부터 끝까지 오직 자신의 힘으로 완주하는 정직한 운동입니다.

　시흥 사거리(4㎞) 쪽 달리는 구간에 시민 여러분과 선수 가족의 격려의 박수 소리에 보답이라도 하듯이 힘든 레이스이지만 한층 마음을 강하게 할 수 있었습니다.

  서울 공항 후문(2km)에선 휴일이지만 시민 군복을 입은 군인 학생 일하시는 근로자 여러분들도 잠시 일손을 멈추고 짬을 내시어 참가 선수 여러분들 격려의 박수를 보냅니다.

  수서 IC(2km)에서는 인간 한계에 도전하면서 함께 달리는 참가자에게 격려해 주셔서 보답이라도 하듯이 마음속으로 완주를 굳게 다짐해 봅니다.

  초청 외국 선두 그룹 선수들이 보이며 이어 대표 선수가 힘차게 달리는 모습이 눈에 들어왔습니다. 그리고 경찰 차량과 여자 선두가 보이며 시민 여러분들의 격려의 박수 치는 소리가 귓가에 매미 소리 같이 작게 들리며, 온몸이 쑤시지만 수도 서울 대회에서 '포기는 없다'는 다짐을 다시 하면서 초인적인 힘을 다해 달려 나갑니다.

  30km 다리에 쥐가 나서 통증을 호소하는 선수들이 보이며, 급수대 위에 놓아둔 초코파이, 바나나, 파워젤을 움켜쥐고 마신 후에는 조금이나마 통증이 사라지는 것을 느꼈습니다.

  33km, 지금까지 힘들게 달리면서 인내하면서 온 길이 수포라고 생각하니 너무나 아깝습니다.

  체력은 떨어지지만 젖 먹던 힘을 다해서 달려 나갑니다.

  35km 지점을 지나갑니다. 약간 은은한 언덕길이며 달리는 인간 열차를 방불케 한 소중한 경험이 하나 더 쌓였습니다.

  38km에서는 시민 여러분들의 너무나 따뜻한 박수 소리가 달리는 데 큰 힘이 됩니다. 물 한 방울의 소중함을 느끼는 순간입니다.

40km 영광과 흥분의 순간을 뒤로하고 잠실 종합 운동장 한 바퀴 돌아 피니시 라인을 통과하는 순간 승리한 기마병같이 온몸을 휘감아 짜릿한 순간 한없는 기쁨과 성취감 두 배가 아니라 그 이상이 되는 것 같습니다.

"더 빠르게 더 높게 더 강하게" 도로 교통정리에 힘써 주신 분들과 구급 차량, 봉사에 도움 주시고 응원해 주신 여러분들께 깊은 감사를 드립니다.

뭉친 근육 스포츠 마시지를 받고 귀갓길 옆으로 부수가 여기저기 보입니다. 대회 주최 측에서 제공한 떡국, 막걸리 이색적인 작은 나눔의 행사가 이채롭습니다. 맛있게 한 그릇 먹어 봅니다. 여름철 녹음이 울창한 종합 운동장 주위 나뭇잎이 낙엽이 되어 떨어지며 늦가을 쓸쓸함과 적막감을 더하는 것 같습니다. 최선을 다해 완주한 뒤 따낸 메달은 더욱더 빛나고 소중한 메달입니다.

마라톤 완주는 평소에 몸을 꾸준히 단련하는 것이 유일한 방법이며, 어렵고 힘들지만 자신의 한계와 싸워서 이기는 것이 목표입니다.

♦ 2016년 참가: 풀코스 대회 4번
♦ 2016년 하프 코스: 4번
♦ 1995년 첫 풀코스 참가 풀코스: 59번 완주
♦ 독도 사랑 전국 페이스메이커 활동

2017년 서울 동아 마라톤 대회 참가 후기

"좋았다면 추억이고 나빴다면 경험이다."

포근하고 화창한 전형적인 봄날이었습니다. 전국 참가 선수와 함께, 2017년 서울 국제 마라톤 겸 제88회 동아 마라톤 세계 10대 골든라벨 대회가 개최되었습니다. 대회 참가 후 지금까지 풀코스를 61회 완주를 하였습니다. 지난 차디찬 겨울, 쉬지 않고 뛰고 연마한 기량을 마음껏 발휘하는 진취적이며 역동적인 대회이며, 풀코스 대회에 출전하기 위해 100일 이상 연습과 훈련에 매진했습니다.

세계 정상급 엘리트 선수는 물론 국내외 마라톤 동호회 여러분들과 수도 서울 광화문 ~ 청계천 ~ 잠실 주경기장까지 이어지는 코스를 달렸습니다. 오색 형용한 색깔을 연출하는 축제의 장이었습니다.

"효용은 쓸모를 버릴 때도 찾아온다."

조선 오백 년 번창한 한양 특별시 서울은 스포츠의 중심 도시로 새롭고 거듭나고 있습니다.

올림픽의 꽃으로 불리는 인간 한계의 도전 마라톤은 고대 그리스 로마 시대부터 시작된 스포츠 중 하나입니다.

42.195㎞(105리) 먼 길을 달리는 마라톤은 때로는 자신의 한계에 도전하는 수단으로써, 건강을 위한 유일한 수단으로써, 스포츠로써 사랑받고 있습니다.

인간의 한계, 꿈, 자신에 대한 도전이 마라톤의 근간입니다.

"좋았다면 추억이고 나빴다면 경험"입니다.

"실패에서 배운다면 실패는 성공이다."라는 말이 있듯이, 최선을 다해서 힘차게 달렸기 때문에 문제점을 보완하면서 대회에 임하면 발전된 모습이 창출될 것이라 굳게 믿습니다.

오늘도 달릴 수 있는 힘 용기를 주심에 감사함을 느낍니다.

정직과 소통을 바탕으로 풍요로운 삶을 살고자 하며 최고가 되진 못했지만 매일매일 최선을 다해 위안이 됩니다.

2017년 서울 국제 마라톤 겸 제88회 동아 마라톤 조직 위원회 대회 참가 선수 물심양면으로 수고하신 여러분, 환호해 주신 시민 관중 모두에게 감사를 드립니다.

◆2017년 서울 국제 마라톤 겸 제88회 동아 마라톤 대회
◆일시: 2017년 3월 19일(일)
◆장소: 광화문 광장 ~ 잠실 운동장
◆글쓴이: 포항 뉴스 스포츠 기자
　　　　　포항시 유도 유단자 회원
　　　　　대구 지방법원 포항 지원 사법 모니터
　　　　　포항시 북부 소방서 의용 소방대

2017년 서울 중앙 마라톤 대회 참가 후기
"은퇴는 없다"

　마라톤 대회 참가하는 전날 저녁에 잠을 청하니 왠지 잠은 오지 않고 학창 시절 수학여행 가기 전날 밤같이 엎치락뒤치락하다가 알람 소리에 벌떡 일어나 포항 고속버스 터미널로 향하였습니다. 풀코스 달린 게 65번째지만 적막한 새벽, 달리기를 하기 위해서 서울까지 버스를 타고 몸을 의자를 뒤로 눕혀 가수면하며 일어나 밖에는 새벽 공기만큼 내 마음도 긴장감으로 조여지는 것 같습니다.
　수많은 참가 선수 사이로 내 두 발도 땅을 내딛고 출발을 기다릴 때면 이번이 마지막일지 모른다는 생각에 마음과 두 손으로 굳게 다짐하게 됩니다. 어느덧 환갑이 지난 나이가 되면서 식구들의 염려도 늘어나고 영원히 건강할 것만 같던 내 두 발도 이제는 지쳐 가는 게 보입니다. '언젠가는 달리기를 하며 맞바람 속에서 흘리는 땀의 참맛을 잊을까?' 이런 다짐 저런 생각을 하며 몇 킬로미터를 달리다 보니 얼굴에 닿는 공기가 제법 가을 날씨라고 날카롭게 맞닿습니다. 아내가 챙겨줘 입고 온 타이즈 덕분에 한결 체온 조절이 용이하였습니다. 휠체어 경기에서 신체장애의 역경을 극복하고 한계의 도전하며 투혼을 발휘하는 모습에 우리 모두가 숙연해지고 가슴이 뭉클해집니다.
　차창으로만 넓은 대로 고층 빌딩 서울 전경들을 내 발로 내딛고 눈으로 담다 보니 어느덧 절반의 거리가 남았습니다.
　초인적인 정신과 인내와 극기. 여기서부터 시작입니다.

배움은 나를 한 단계 성장하게 하고 교육은 나를 변화하게 한다! 스스로 다짐을 하였지만 역시나 낡아빠진 내 다리가 문제였습니다.

이번에는 문제없이 완주하겠다고 부인을 볶아 한 달이고 먹은 고깃국에 영양 가득한 음식들도 별 소용이 없으며 발바닥은 열이 나고 다리는 쥐가 날 것만 같았습니다.

이럴 줄 알았으면 조금 더 열심히 연습을 할걸! 하지만 연습한다고 세월 앞에 장사가 있을까? 오늘따라 흘러가는 시간만큼 늙어가는 내 나이가 숫자에 불과하지 않는다는 생각이 듭니다. 머뭇머뭇 늦어지는 발걸음 때문인지, 길가에 격려하시고 응원하시는 여러분들 징소리 이제는 선명하게 들렸습니다.

포기하고 집으로 돌아가야 하나? 참고 달려야 하나? 어찌 보면 별것 아닌 달리기에 나는 많은 걸 걸고 있는지 모르겠습니다. 때로는 나에게는 정열과 카리스마가 넘치는 것이 마음도 열리고 생각하는 마음과 사고도 새롭게 열립니다.

포기하면 내 은퇴 후 인생도 포기하는 것만 같은 마음이 들어 늦어지는 발걸음이지만 멈추고 싶지는 않았습니다.

그래 늦어도 가 보자. 다시 한번 다짐하고 달리니 어느덧 운동장 트랙을 달리는 나와 마주했습니다.

이번에도 끝까지 왔구나. 하는 안도감과 함께 결승선을 지나 털썩 쓰러지니 다시 선선한 가을바람이 나를 위로해 주었습니다. 가족들은 왜 사서 고생을 하냐고 하지만 나는 마라톤을 통해서 어쩌면 내 인생이 끝나지 않음을 느끼고 있는지도 모르겠다는 생각이 들었습니다.

쓴맛이 몸에 약이 되듯이 언제가 될지 모르겠지만 내년에도 다시 달리기할 내 모습을 상상해 봅니다.

'실패에도 좌절하지 않는 힘'이 원천입니다.

참가 선수 그리고 가족 대회 관계자 여러분들 모두가 화합을 이루는 한마당 잔치이며 수준 높은 대회인 중앙 서울 마라톤 대회가 열리는 세계 마라톤 명품 도시 서울특별시가 될 것입니다. 참가 동호인들과 함께 웃고 즐기며 가을의 정취 느끼고 아름다운 추억을 많이 만들었습니다.

대회를 위해 수고하신 여러분들 감사합니다.

2017년 청주 무심천 길이가 34.50km

　전마협 홍보대사 친목 단체(1080 홍목회 총회) 회원 황토 집에서 1박 하고 무심천 자전거 전용 도로에서 하프 달리기를 하였습니다.
　새벽에 깨어나는 삼라만상 모든 것들은 더욱더 행복하고 즐거운 삶을 간절히 느끼게 합니다.
　청주시는 충청북도 도청 소재지이며, 인구는 2007년 63만 명이며 많은 공원의 도시이며 공원(公園)으로는 솔밭, 봉명, 운천, 매봉, 대머리, 삼일, 중앙, 중흥, 원봉, 망월 등이 있습니다. 역사가 깊은 도시이며, 미호천 그리고 시내를 가로질러 흐르는 무심천은 길이가 34.50km라고 합니다.
　청주에는 국제공항이 있으며, 아담하고 고요한 도시(都市)입니다. 부근(附近) 농산물(農産物)의 집산지(集散地)이며, 특(特)히 황색(黃色) 담배의 산출(産出)지이기도 합니다.
　그저께까지만 해도 전국이 강추위가 계속되어 꽁꽁 얼어 동장군이 기승을 부렸지만 오늘은 약간 풀린 것 같습니다.
　흔히들 이를 두고 여한(餘寒)이라고 합니다.
　올해 들어 첫 출전 대회인 청주 동계 마라톤 대회이지만 갑작스럽게 추운 날씨로 마음속으로 걱정이 앞섭니다.
　옛말에 "춥지 않는 소한은 없고, 포근하지 않는 대한 없다."고 했습니다. '대한이 소한 집에 가서 얼어 죽는다.'는 말도 윗글 토대로 하여 생긴 것 같습니다.

청주 대교 무심천 롤러 스케이트장 집결하여 식순과 사회자의 카운트다운과 동시에 출발하는 형형색색 선수들의 거대한 물결이 강변길을 따라 움직이기 시작하였습니다.

무심천 강변길은 차량의 통행이 거의 없으며 지전거 타는 사람이 소킹하는 사람들이 간혹 보이며 훈련 코스로써뿐만 아니라 조깅 코스로써 안성맞춤입니다.

고수부지에서 축구와 야구를 즐기는 사람과 자전거를 타거나 하이킹하는 사람 그리고 조깅하는 사람도 눈에 띕니다.

흐르는 강물에서 봄이 오는 소리를 만끽하며 계절의 길목에서 하프 달리기지만 동계 체력 테스트하는 깊은 의미와 나의 체력을 담금질하는 의미가 있습니다. 올해 승격한 골드 대회인 서울 동아 마라톤 대회를 생각하면서 최선을 다해 봅니다.

전마협 청주 동계 마라톤 대회 하프 기록은 1시간 39분 32초입니다. 지나가는 겨울 그리고 봄의 문턱에서 최선을 다한 경기라 감회가 새롭습니다.

세월을 이길 장사는 없습니다. 영혼은 세월을 초월하기 때문에 비록 육체가 쇠하여 할 수 없을지라도 마음만은 시간과 공간을 초월하여 더 멀리 더 높이 여행하는 즐거움을 가질 수 있는 것입니다.

2011년 서울 동아
국제 마라톤 대회 참가 후기

대회 전날인 2011년 3월 19일(토요일)은 흐린 봄 날씨였다.

클럽 사무실에 13:00에 도착하여 1박 2일 동안 먹을 음식과 각종 집기를 대왕 고속 관광버스에 싣고 포항 종합 운동장 호돌이 탑으로 향하였다.

운동장에 도착하여 기다리는 회원과 인사 후 서울로 향하였다.

고속도로를 가는 동안 사무국장의 사회로 한 사람씩 출사표를 듣는 시간을 가졌다. 서울까지는 먼 길이지만 출사표를 들으면서 가니 분위기 또한 좋다.

숙소 방에서 가방을 내려놓고 식당에서 밥을 먹고 지하도 통과 청계천에 산책을 나갔다.

수많은 차량이 지나가며 기념 촬영하는 모습도 보이고 마차를 꽃가마로 꾸며 타고 지나가는 모습이 새로우며 쌀쌀한 날씨지만 참가한 회원과 내일 대회를 앞두고 서울에서 모처럼 오붓한 시간을 가져 본다.

숙소에 돌아와서 세면 후 22:00 취침에 들어갔다.

옆방에는 사람들이 이야기하는 소리가 들리며 약 20분 정도 지나서부터는 방에서 코를 고는 소리가 나의 잠을 망칠 것 같다.

누운 채로 눈만 감고 이런 생각 저런 생각을 하여 본다.

새벽에 잠시 깜박 잠들었다.

하루일과 시작 전 전날 충분한 수면은 보약보다 더 중요함을 느끼며 일찍 기상 식당에서 식사 후 대회 장소로 향한다.

고시 공부보다 더 힘든 풀코스 마라톤 대회이지만 분명 나에게는 삶의 좌표이면서 행동 철학 지침서이다.

대회 날인 2011년 3월 20일(일요일)은 봄비가 내리는 쌀쌀한 날씨였다.

아침 일찍 기상 후 숙소 주위 순대국밥을 먹고 대회 복장을 하고 기념 촬영 후 각자 뿔뿔이 흩어져 A, B, C 코스로 향한다.

광화문 광장에는 수많은 선수와 가족이 보이며 외국 사람도 간간이 보였다. 대회 당일 보슬비가 내리며 제법 쌀쌀한 날씨 오늘 레이스가 걱정된다.

비닐 우의를 걸친 참가 선수들이 건물 주위와 복도에서 떨고 있는 모습이 안쓰럽게 보인다.

택배 차량에 짐을 보내고 출발 시간이 가까워지니 하늘에는 헬기가 분주히 움직이며 진행하는 사회자의 마이크 소리에 일본 지진 후쿠시마 원전 사망 희생자 묵념 시간을 가졌다.

출발 소리와 함께 오색 형용 거대한 물결이 서서히 움직이기 시작한다. 약간 내리막길을 대열을 따라 달려 나가며 추위가 멈추고 달리면서 호흡도 조절하고 물웅덩이를 피하려고 왔다 갔다 하는 선수도 보인다.

을지로5가 1차 반환점까지 들어가는 길은 약간 지루함과 도로 양방향을 통제하여 반대편에 벌써 많은 선수들이 힘차게 달리는 모습을 볼 수가 있다.

　서울에서 개최되는 골드 라벨 마라톤 대회는 응원도 다양하고 세련된 모습을 볼 수가 있으며 학생 밴드 다양한 복장의 퍼포먼스, 궁중고적대, 난타 공연, 사물놀이, 선수 가족, 동호회 회원 등등 응원도 환상적이다. 종로3가를 달려 흥인지문을 통과할 시점이 20㎞이며 아직까지 몸 상태는 괜찮은 편이다. 군자교 초입 25㎞ 부근에서는 대로를 달리면서 뭉친 다리와 몸을 풀어본다.

　성동교 사거리 30㎞ 지점에 파워젤을 깜박하고 지나쳤다.

　체력의 한계를 느끼며 젖 먹던 힘을 다하며 서서히 몸속에 에너지가 고갈되어 가는 느낌이 든다.

　38㎞ 부근인 석촌호수 사거리에 다다랐다. 머릿속으로 완주하는 나의 모습을 그려 보면서 마의 구간이지만 버텨 보았다. 정신력과 초인적 힘이 필요하며 모든 선수들이 힘들어하는 구간이었다.

　다리에 쥐가 나서 가로수 길옆에서 다리를 고통스럽게 마사지하는 선수, 상체를 굽히는 선수를 바라보니 비록 힘들지만 "실패는 있을지언정 좌절은 없다" 글귀가 머리에 떠오른다.

　잠실 운동장을 한 바퀴 돌아 결승선에 안착하니 입고 뛴 타이즈와 마라톤 복은 젖고 달리면서 힘은 들었지만 마음속으로 흐뭇함이 교차하는 시간이었다. 피니시 라인을 통과하니 땀 흘린 후 성취감은 배가 되며 환희, 기쁨을 알고 어려운 고통도 두려움 없이 기도하며 이겨내고 서로와 서로를 신뢰하면서 사랑을 나눌 수 있는 마음에 여유로움이 있어서 좋다.

"매 순간 최선을 다하면 내 삶이 충만해진다."

골인 후 학생들이 생수와 포카리를 나누어 주며 허리도 구부리기 힘들 정도인 나의 칩을 풀어 주었다. 저온 현상인지 온몸이 떨린다. 걷기도 힘들지만 최선을 다한 경기 칩을 반납히 후 메달을 수령하였나.

각종 대회 유인물도 마다하고 택배 짐을 찾아 버스와 천막이 있는 장소에 도착하였다.

오늘도 할 수 있다는 자신감과 극기를 터득하였고 마라톤 대회를 통하여 이웃을 알고 동료를 알게 된 이것이 바로 나의 즐겁고 행복한 삶의 밑거름이다.

이번 참가한 포마클 회원 기록도 풍성하다. 전원 완주라는 기쁜 결과가 나왔다. 지난 혹한과 폭설 속에서도 겨울 동계 훈련을 열심히 하고 체계적으로 실시한 덕택에 기량도 많이 향상되었다. 마치 농부가 가을에 결실을 수확하는 기쁨을 누릴 수 있을 것 같다.

잠실 주경기 트랙 질주

나의 훈련기(포항 환호 공원 언덕길)

 포항 북부 환호 해맞이 공원.
 미리톤 원주는 공짜로 이루어지는 것이 아니리 끈질긴 인내와 노력 그리고 혹독한 연습과 훈련 과정을 거치면서 목적과 뜻이 이루어지는 것입니다.
 그동안 마라톤을 통하여 할 수 있다는 자신감과 짜릿한 성취감을 맛보았습니다.

 환호 해맞이 공원은 사시사철 따사로운 햇살 아래 잠시 머무르고 싶은 곳입니다.
 짧은 여정이었지만 긴 추억이 남는 낭만의 테마 공원입니다. 그리고 해변 공원은 바다 쪽으로 보는 공원이며 야경이 좋으며 도심 속의 레저 공간 바다로 탁 트인 최초의 시민 놀이 공원입니다.
 환호 해맞이 공원에 올라가면 영일만이 한눈에 보입니다.
 산업의 쌀인 철강 공장 posco와 공단이 굴뚝이 보이며, 멀리 송도 숲과 송도 배사장 그리고 아파트 시내 건물 등등이 눈에 들어옵니다.
 바다에는 원료배와 어선이 쉴 새 없이 움직이고 있습니다.
 환동해 중심 항구로서, 신항만 개항이 금년 팔월이면 완공됩니다. 오대양 육대주로 뻗어 나가는 포항 영일만항 동빈내항에는 울릉도 여객선 선착장이 있습니다. 북부 해수욕장 맨 끝 해안 마을인 설머리에 선 자연 녹지의 푸르름을 느낄 수 있습니다. 구릉지 스페이스워크 포항 시립 미술관에는 시민들이 즐길 수 있는 지역 최대 규모의 휴식 공간입니다. 해맞이 어린이 공원, 작은 동물원, 중앙 공원, 야외무대, 넓은 공간 분수대, 식물원, 해안 절벽과 수목들 등 볼거리가 다양합니다.

여기에 현대적 미를 조화롭게 가미한 광활한 공간에는 온종일 발길이 이어지며 볼거리가 즐비하게 다듬어져 있습니다.
전망대를 중심으로 야외 공연장 산책로 등 오르막 내리막 천혜의 지형들이 가득 꾸며져 있으며, 산세 또한 조화와 아름답기로 유명합니다.
전망대에서 아래쪽으로 내려다보이는 전경은 가히 환상적입니다. 맑고 시원한 물결이 넘실대는 푸른 동해 바다를 한눈에 볼 수가 있습니다.
특히 새벽 또는 동틀 무렵 영일만에 스며드는 동해 바다 일출은 조망하기가 최적격이라 표현합니다.
봄, 여름, 가을, 겨울 사계절 내내 시민들과 관광객 여러분들이 나들이를 즐기며, 여인이나 가족끼리 건강도 지켜주고 볼거리도 제공하는 최고의 명소라는 느낌이 절로 납니다.

운동을 몸에 좋다는 것은 누구나 알고 있지만 그러나 운동하는 요령이나 효율적으로 운동하는 법, 강약 조절을 몰라서 과학적이면서 체계적으로 못하고 맹목적으로 운동을 합니다.
아무튼 동호회 활동을 열심히 함으로써, 꾸준히 운동하면 기록도 향상시킬 수가 있고, 함께 즐기면서 달릴 수 있으며 달리는 주법과 좋은 정보를 공유할 수가 있습니다.

그리고 삶의 색다른 의미를 터득할 수가 있습니다.

언제 어떻게 달릴 것인가?(페드롤 달리기)

달리기를 하겠다고 마음과 행동으로 결심한 사람들이 맨 먼저 부딪히는 문제는 복장을 갖추고 언제 시간을 내고, 어디서 뛸 것인가 하는 것이다.

미국 토크쇼의 여왕 오프라 윈프리는 1년에 한 번 이상 마라톤 풀코스를 뛴다.

그녀 역시 거의 100킬로그램에 육박하는 자신의 체중을 줄이기 위해 달리기를 처음 시작했지만 이제는 달리기를 하루라도 거르면 제대로 일이 안 된다고 할 정도다.

미국 전 대통령 부시나 민주당 후보로 나섰던 앨 고어 역시 마라톤을 뛴 경험이 있고 현재도 시간을 만들어 뛰는 것을 즐긴다.

국내에도 책으로 번역되어 베스트셀러가 된 바 있는 독일 외무장관 요쉬카 피셔의 자서전『나는 달린다』피셔 외무장관도 자신이 뛸 시간을 만들어 달린다는 것을 알 수 있다.

위 글에 모든 것이 결국 나의 건강을 위해 뛰는 시간을 만드는 것은 객관적 여유 시간의 문제가 아니라 자신의 실천하고자 하는 집념과 의지력 문제라는 것을 알 수 있다.

하루 중 달릴 수 있는 시간은 만들기 나름이다.

여러 조건을 고려할 때 이른 아침 시간이 규칙적으로 운동할 수 있는 시간대라고 볼 수 있다.

공기 중 오염 물질이 밤새 땅으로 가라앉아 아침에 뛰는 것이 안 좋다는 말도 있다.

만사를 제쳐 두고 생각한다면 달리기하는 데 가장 좋은 시간은 17시경이라고 할 수 있다. 몸의 근육과 관절이 충분히 풀려 있어 사신의 건강에는 가장 좋다.

그러나 그 시간대 운동을 하려면 매일매일 규칙적으로 하기 힘들 것이다.

운동은 규칙적으로 해야 건강에 도움이 된다.

◆ **과학적인 달리기 훈련 방법**
· **심박수 분석에 맞춤 훈련**
· **러닝머신 달리는 자세 훈련 영상 편집해 취약점을 찾는다.**
· **디지털 및 AI 기술 활용**

사실 도심이 아니면 아침 공기가 다른 시간대에 비해 더 나쁠 것은 없다.

장거리 달리기는 겸손하고 초반에 급해서 빨리 달리는 것은 근절(오버 페이스)해야 한다. 아침 시간이 달리기를 규칙적으로 하기에 가장 적절하다고 볼 수 있다.

다른 시간대에도 규칙적으로 운동할 수 있다면 하루 중 아무 시간이나 상관없다. 다시 한번 강조하면 중요한 것은 언제가 아니라 매일 매일 규칙적으로 운동하는 것이다.

◆ 페드롤 마라톤 달리기

1. 배 번호 2. 모자(머리띠) 3. 고글(선글라스) 4. 양말 5. 파워젤 6. 맨소래담 7. 스프레이 8. 비상 연락 번호: 구급대, 대회 진행 본부 9. 파워에이드 10. 생수 11. 일회용 우의 12. 수건 13. 장갑 14. 신발 15. 운동복

영일만 울트라 마라톤 대회 참가 후기

연일 무더운 날씨가 이어집니다.

시난해 겨울부터 시작된 심한 가뭄으로 인한 대지기 메마름과 건조한 일기 탓에 전국적으로 크고 작은 산불에 당국은 속수무책입니다.

사람은 체력(體力)을 평소(平素)에 관리(管理)하기에 따라 변화(變化)와 진보(進步)를 하는 것을 알 수가 있습니다.

요즘은 마라톤 풀코스에 도전하는 것을 넘어 울트라 마라톤 대회에 도전(挑戰)하는 사람을 보면 마음속으로 생각(生角)하기에는 불가능할 것 같지만, 실상 그렇지 않음을 알 수가 있을 것입니다.

인간의 한계인 마라톤 넘어 울트라 마라톤 대회에 도전하는 사람에겐 흔히들 철인(鐵人)이란 칭호(稱號)가 주어집니다.

본인도 울트라 대회 출전(出戰)하기 전에는 망설임과 두려움이 앞섰지만, 대회(大會)가 끝난 후, 돌이켜 보면 체력 관리만 잘하면 무궁무진한 힘이 솟아남을 알 수가 있었습니다.

올해는 더위가 빨리 찾아와서 오월 초순이지만 한낮에는 무더움을 피부(皮部)로 느끼며, 도로와 산에는 신록(新綠)이 더욱더 절정입니다.

인간 한계의 도전(挑戰)을 넘어 철인이라 할까? 본인의 하고자 하는 의지력과 강인한 정신무장이 없으면 극복하지 못할 울트라 대회에 참가하는 것만으로도 대단한 용기이며, 오늘 마음속으로 부상 없는 완주를 기원해 봅니다.

대회 참가하기 위해서는 컨디션 조절과 운동복 챙기는 것이 필수지만 가방에 꼼꼼히 챙겨 넣고 만반의 준비를 하였습니다.

출발 전 포항 영일만 조직위 사무국장이 행사를 진행합니다. 포항 종합 운동장 동편에서 저녁 7시 정각 출발 신호와 함께 완주의 부푼 꿈을 안고 전장에 나가는 개선장군처럼 마음과 정신을 굳게 다짐하고 출전하는 선수 여러분들의 함성이 울려 퍼집니다.

POSCO 제1 정문 제2 문 앞을 지나는 순간 아카시아 꽃향기가 향긋한 느낌과 가슴이 확 튀는 것 같은 느낌이 들며, 아카시아나무는 홍수 조절, 공기 정화 작용은 물론 소중한 밀원이자 경제 수로써 활용되고 있어 값어치가 돋보입니다.

동호회 회원 중에 많은 사람이 참가와 응원에 힘입어 발걸음도 경쾌합니다.

동호회 회원의 한 사람으로서, 긍지를 가지고 자랑스럽게 생각하고 있습니다.

오천 읍내를 지나 오어사 절 가는 길과 진천지 연못에 가는 길 삼거리에는 울트라 조직위 봉사하는 회원과 마을 주민들의 박수 소리, 파이팅 외치는 소리가 나에게 정신 무장을 더욱더 강하게 하며, 마음속으로 끝까지 포기하지 않고 완주하기를 기원해 봅니다.

시원한 박카스 한 모금은 피로 회복에 적격이며, 범사에 감사하고 달리는 것이 무엇인지 할 수 있다는 자신감과 고마울 뿐입니다.

조명등 불빛과 가로등이 쓸쓸함을 더하고 참가자들의 유니폼과 야간 전조등 불빛 그리고 배낭에 부착한 조명등 불빛이 꼬리를 물고 이어지는 거대한 행렬이 밤 도로에서 움직이는 모습은 그야말로 장관입니다.
　영일만 신 항만이 8월 중에 개항하며, 환태평양 오대양 육대주 뻗어나가는 중심 항구로서, 거듭 태어나리라 기대해 봅니다.

　시내 구간을 지나서부터는 오르막 내리막 특히, 굴곡이 심한 S자 코스에 급경사로 내리막길이 나오거나, 가파른 오르막길 지점에서는 뒤에 달리는 선수의 숨소리가 크게 들리며 나 또한 가슴이 터질 것 같습니다.
　인적이 드문 마을을 지나칠 때 아스팔트와 마찰된 발자국 소리가 울리니 온 동네 개들이 당장이라도 습격하여 잡아먹을 듯이 짖어댑니다. 밤중에 허락 없이 영역을 침범하였다 할까 하염없이 짖는 소리가 미안하고 죄송한 마음뿐이며, 마을을 지나자마자 들판에는 못자리 끝낸 논에는 개구리 울음소리가 더욱더 흥을 돋우며 선선한 공기 속 나의 발걸음도 경쾌합니다.
　오천 읍내 도착하자 주유소와 상가 일부가 문을 닫고 가로수만 불빛이 밝게 비추며 사람들이 거의 보이지 않으며, 언덕 이마트 앞에서부터 주행하는 차량으로 보도 블록 위로 달리며 여성 회원과 앞서거니 뒤서거니 마지막 최선을 다해 피치를 올려 봅니다.
　차량을 이동하면서 응원한 포마클 회원 김영곤(훈련), 이태재(감사), 최동열(재무)에게 특별히 감사를 드립니다.
　형산교에서 바라본 운동장은 목표가 바로 저긴데 하면서 남은 에너지를 불태우며, 피니시 라인을 통과할 수 있었습니다.

　규칙적인 운동, 충분한 수면, 꾸준한 연습, 정신력과 의지력만 구비되면 무궁한 힘이 발휘된다는 진리를 발견한 영일만 울트라 대회였습니다.

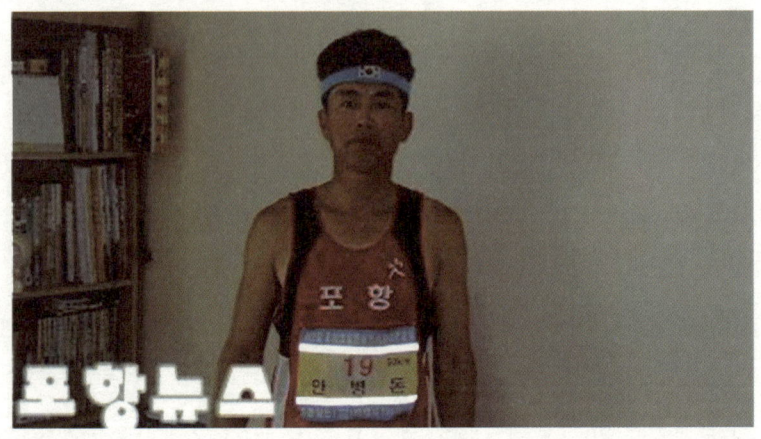

제2회 전국 마라톤 지도자 교육
(영남대학교)

현대의 스포츠는 과학적인 정보와 분석으로 기록을 달성하고 또 새로운 기록에 도전하고, 또한 변화에 대하여 철저하게 대처하는 운동으로 변화하고 있습니다.

우리는 마라톤에 좀 더 다양한 기술과 변화하는 새로운 훈련법 등에 적응하고, 기록을 작성하여 더욱 발전하는 마스터스의 기틀을 마련하려고 노력하고 있습니다.

현재 전국에는 각 지역을 대표하는 마라톤 동호회가 2,000여 개를 넘어서고 있습니다.
마라톤도 이제는 좀 더 다양한 학문과 기술을 바탕으로 보다 올바르고 정확한 기술을 요하는 데이터 정보의 시대로 접어들었습니다.

이에 발맞추어 '영남대학교 스포츠 과학 연구소'에서는 국내 최초로 전국의 마라톤클럽 지도자를 대상으로 '마라톤의 심리학과 생리학적인 이해와 훈련법' 및 '지도자 리더십'을 강습하였습니다.
이번 강습회는 전국 풀뿌리 마라토너를 대상으로 선발하였으며 교육 후 마라톤클럽에서 좀 더 즐겁고 활기찬 마라톤을 할 수 있도록 하고 나아가서는 경기력 향상에도 도움을 주기 위해 마련되었습니다.

현재 전국적으로 수많은 지역 동호회와 직장 동호회가 있지만 이번 강습과 같이 소수 인원만을 선발하여, 지금까지의 훈련 방식에서 탈피하여 과학적이고 체계적인 훈련을 한 예는 드뭅니다. 달리기는(장거리 훈련 및 풀뿌리 마라톤클럽) 사람마다 신체적인 체력이나 생리학적인 이해 개인의 특성에 맞는 훈련법을 실습과 강의 친선을 도모하였습니다.

이번 강습은 여름방학 기간에 진행되었기에 학생 여러분들이 나오지 않아 식당과 강의실 자유롭게 이용할 수가 있으며 경산 영남대학교 대운동장 천마 체육관 및 전기 멀티미디어 강의실에서 1박 2일 동안 이론과 실무를 배우고, 숙소에서 숯불 바비큐 파티와 진행하게 되었습니다.

아무리 성공적인 결과의 사람이라도 더 나은 최선을 가로막았던 이유를 반문하고 궁리해야 합니다.

저를 이 시간까지 올 수 있게 끌어준 여러분들께 함께해 주셔서 감사하다는 말을 전하고 싶습니다.

◆ 교육 기간: 2009년 8월 15일(토) ~ 8월 16일(일)

영남대학교 마라톤클럽 지도자 강습회

2013년 제39회 보성 다향제 녹차 마라톤 대회

◆ 제39회 보성 다향제 녹차 대축제
◆ 제9회 보성 녹차 마라톤 대회
◆ 일시 : 2013.5.14.~19(6일간)

싱그러운 5월!
 그윽한 향과 푸르름을 선사할 녹차 수도 보성은 사랑 가득한 녹차 향기 속에서 메타세쿼이아 가로수길이 아름다운 농촌입니다. 대체로 평탄한 코스에서 개최되는 보성 녹차 마라톤 대회는 4년 연속 국제 유기 인증을 획득한 대한민국 대표 보성 녹차의 우수성을 널리 알리고 세대, 계층에 관계없이 사람들이 즐겁게 달리며 힐링할 수 있는 건강 대회입니다.
 마라톤 대회에 참여하며 힘들고 어렵지만 내가 포기하지 않았던 것은 '더 좋은 아름다운 세상에 대한 확신' 때문이었습니다.
 바쁜 일상을 잠시 접어두고 주위를 둘러보면 온 누리를 푸르게 물들어 가는 대자연과 함께할 수 있습니다. 아름다운 경관과 귓전을 스치는 상쾌한 바람을 맞으며 함께해서 행복한 사람들과 같이 봄날의 싱그러움을 마음껏 즐기며 하루를 보내었습니다.
 대회 참가 후 아름다운 자연 보성 녹차밭 구경도 하고 태백산맥, 보성 향토시장, 보성 해수녹차탕, 한국 차 박물관 등을 구경했습니다. 예로부터 녹차의 고장으로 장수하는 어른과 미인이 많다는 보성은 가 볼 만한 곳입니다.

  1일 3식 규칙적인 식사와 운동은 활기차고 건강한 모습으로 끊으려야 끊을 수 없는 필수 불가분 관계입니다.

초보자 달리기 입문 시 주의 사항

　마라톤을 비롯한 달리기가 누구나 쉽게 시작할 수 있다는 장점 때문에 사람들의 사랑을 받고 있지만 잘못된 상식과 무리한 순간적인 욕심으로 건강을 도리어 해칠 수도 있으며 달리기를 시작할 때 조심할 부분과 훈련법을 정리해 보았다.

1. 달리기 시작하기 전에 최대한 몸 풀기를 실시한다.
- 몸 풀기는 관절 부위나 허리 부위 팔 다리 목을 체조 또는 스트레칭을 실시하면서 풀어 준다.
2. 너무 빨리 달리지 말고 천천히 그리고 옆 사람과 대화가 가능할 정도로 달리면 적당하다.
- 가벼운 마음가짐과 조깅한다는 마음으로 그리고 즐긴다는 마음으로 달릴 것.
3. 처음에는 평지에서 연습하다가 차츰, 언덕이나 산악이나 모래밭으로 옮길 것.
- 운동을 할 때 강약을 적절히 조절할 것.
- 운동에 흥미를 가진 후에 본격적으로 운동을 실시할 것.
4. 마라톤이나 장거리 달리기는 하체 운동을 보강하여야 한다.
- 하체 운동으로, 자전거 타기 웨이트 트레이닝 모래밭 달리기 언덕 달리기
- 초보자는 역기나 아령을 한꺼번에 무거운 중량을 들지 말 것.

- 운동을 실시 후 차츰차츰 강도를 높일 것.
5. 운동을 실시 후 무리하게 다른 사람과 경주하지 말 것.
- 지나친 경주는 나중에 화를 초래할 수도 있다.
6. 운동 후에는 산난한 샤워나 목욕을 꼭, 실시할 것.
- 특히, 잠자리에 들기 전에 따뜻한 물로 발을 마사지한다.
- 미지근한 물로 샤워를 하여도 피로를 풀 수 있는 효과가 있다.
- 샤워나 목욕은 기분 전환도 되고 피로도 풀리며 개인 청결을 위해서 하는 것이 좋다.
7. 운동과 영양 보충은 항상 신경을 써야 한다.
- 고기 음식과 채소를 골고루 섭취하여야 한다.
- 운동도 꾸준하게 하고 몸에 영양 보충을 해주는 것도 매우 중요하다.
- 하나의 예를 들자면 아무리 좋은 세차도 연료가 없으면 무용지물인 것과 같이 사람도 몸속에 에너지가 없으면 운동이고 뭐고 간에 소용이 없다.
8. 마스터즈 선수들은 대부분 자신의 건강을 위해 운동을 하기 때문에 부상 없이 운동을 하는 것이 가장 좋다.
- 마지막으로 꾸준하게 운동하는 것이 건강에도 좋고 체력도 단련되므로 하루에 밥을 세 끼씩 먹듯이 운동 또한 꾸준하게 하는 것이 건강한 삶을 유지할 수가 있다.

제48회 경상북도 도민 체육 대회 성화 봉송 주주자

　불은 예로부터 인류 문명과 함께 성스러운 것으로 여겨져 여러 민족 간에 널리 숭배를 받아 왔으며, 특히 그리스인들은 불을 관리하는 여신 헤스티아를 숭상하여 집의 화로를 제단으로 삼았다.
　이러한 풍습이 올림픽에 채택되어 올림픽 대회 기간 중 주경기장의 성화가 계속 타오르게 하고 있는 것이다.
　성화 봉송은 고대 올림픽 기간에 경기를 봉납하는 제우스 신전 제단에 성화가 불타오르고 있었다는 전설과 '람파데이로미아(Iampedromia)'라는 횃불 릴레이 경주에서 고안되어 1936년 제11회 베를린 올림픽에서 고대 올림픽의 정신을 지킨다는 의미에서 그리스 올림피아의 크로노스 언덕에서 태양의 열로 점화하는 장엄한 성화 점화식을 거행하고 올림픽 대회 주경기장까지 운반되어 대회 기간 중 타오르게 되어 전해지고 있다는 설이 있다.
　전국 체육 대회의 성화 행사는 개국 시조인 단군 성조에 관한 전설과 유적이 많은 강화도 마니산에 있는 참성단을 성지로 삼았으며, 고 이상백 박사에 의해 제36회(1955) 전국체육대회부터 강화도 참상단에서 성화를 채화하여 대회장으로 봉송하는 제도가 마련되었다.
　포항에서 개최되는 제48회 경북 도민 체육 대회 성화는 도민 체전 공식 성화지인 경주시 토함산과 포항시 호미곶에서 봉송되었다. 새천년 영원의 불을 채화하여 차량과 주자를 통해 경상북도 23개 시군을 순회 봉송하여 포항시청 전정에서 양 불을 안치한 후 개막식 당일 포항시청에서 첫 주자가 출발하여 [화합체전] [문화체전] [시민이 주체가 되는 체전]의 대회 참여 분위기를 확산시키고자 시내 주자봉송 16구간을 순회하여 노민제선 주경기장인 포항 종합 운동장의 성화대에 선화하게 된다.

[빛나라 포항의 꿈, 솟아라 경북의 힘]이라는 도민체전 구호 아래 도민의 화합과 체육 발전을 기원하면서 대회 기간 중 300만 경북도민과 52만 포항시민의 염원을 담아 [희망 포항]의 불씨가 활활 타오르게 된다.

9구간 (롯데아파트~두호 동사무소)
포항 시민기자, 포항 마라톤 부회장, 장량동 주주자: 안병돈

<4부>
마라톤 대회 기록
(풀코스, 하프코스, 10km)

마라톤 대회 기록(풀코스, 하프코스, 10km)

포항 마라톤클럽: 안병돈

1	1995 동아 국제 마라톤 4:14:45	(풀코스 첫 도전)
2	1996.3.24. 동아 국제 마라톤 4:10:39	
3	1997 동아 국제 마라톤 4:25:43	
4	2000.3.19. 동아 국제 마라톤 3:35:13	
5	2000.10.22. 조일 춘천 마라톤 3:49:23	
6	2001.10.21 조일 춘천 마라톤 3:29:07	
7	2002. 서울 마라톤 3:19:19	
8	2002. 경주 동아 오픈 마라톤 3:47:29	
9	2002.10.20.조일 춘천 마라톤 3:31:50	
10	2002.12.8. 호미곶 마라톤 3:40:29	(국내 대회중 언덕 많음)
11	2003.4.29. 보스톤 마라톤 4:08:22	(시차 적응 실패)
12	2003.10.26. 경주 동아 오픈 마라톤 4:19:36	(세찬 맞바람)
13	2004.3.21. 서울 국제 마라톤 3:42:11	
14	2004. 해병대 50회 마라톤 4:24:13	
15	2004. 경주 동아 오픈 마라톤 3:35:48	
16	2005.1.23. 고성 마라톤 3:56:40	
17	2005.3.13. 서울 국제 마라톤 4:09:28	
18	2005.9.25. 울산 마라톤 4:12:37	
19	2005. 서울 중앙 마라톤 3:33:41	
20	2005. 호미곶 마라톤 3:56:24	(언덕 많음)

마라톤 대회 기록(풀코스, 하프코스, 10km)

연도	대회명	기록	기타
풀코스			
2006.03.12(일)	2006년 서울 국제 마라톤 대회	3:33:57 (풀코스)	21회 완주
2006.10.29(일)	동아일보 2006년 경주 오픈 마라톤 대회	3:34:39 (풀코스)	22회 완주
2006.12.03(일)	제6회 포항 호미곶 마라톤 대회	3:52:42 (풀코스)	23회 완주
2007.01.28(일)	제6회 경남 고성 전국 마라톤 대회	3:37:24 (풀코스)	24회 완주
2007.10.21(일)	동아일보 2007년 경주 국제 마라톤 대회	3:36:24 (풀코스)	25회 완주
2007.11.11(일)	제5회 상주 곶감 전국 마라톤 대회 (대회 시작비~대회 끝 비)	3:56:56 (풀코스) (4시간) 페이스메이커	26회 완주
2008.03.16(일)	2008년 서울 국제 마라톤 대회 겸 제79회 동아 마라톤 대회	3:40:12 (풀코스)	27회 완주
2008.04.13(일)	2008년 대구 마라톤 대회	3:58:35 (풀코스)	28회 완주
2008.10.19(일)	동아일보 2008년 경주 국제 마라톤 대회	3:55:03 (풀코스)	29회 완주
2008.11.09(일)	제2회 호미곶 온천 마라톤 대회	4:01:22 (풀코스)	30회 완주
2008.01.11(일)	제8회 경남 고성 전국 마라톤 대회	3:37:17 (풀코스)	31회 완주
2009.04.12(일)	2009년 대구 국제 마라톤 대회	4:01:31 (풀코스)	32회 완주
2009.10.18(일)	동아일보 2009년 경주 국제 마라톤 대회	3:52:22 (풀코스)	33회 완주
2009.11.01(일)	2009년 중앙 서울 마라톤 대회	3:42:10 (풀코스)	34회 완주
2010.03.21(일)	2010 서울 국제 마라톤 대회 겸 제81회 동아 마라톤 대회	3:35:48 (풀코스)	35회 완주
2010.04.11(일)	2010년 대구 국제 마라톤 대회	3:37:27 (풀코스)	36회 완주

연도	대회명	기록	기타
2010.10.17(일)	2010년 동아일보 2010 경주 국제 마라톤 대회	3:51:39 (풀코스)	37회 완주
2010.11.7(일)	2010년 중앙 서울 마라톤 대회	3:42:50 (풀코스)	38회 완주
2011.03.20(일)	2011 서울 국제 마라톤 대회 겸 제82회 동아 마라톤 대회	3:37:26 (풀코스)	39회 완주
하프			
2006.02.19(일)	2006년 경주 전국 하프 마라톤 대회	01:39:49.60 (하프)	하프, 구름 조금
2006.08.15(일)	2006년 제4회 혹서기 마라톤 대회	01:35:21	하프, 맑음
2007.08.15(일)	제5회 해병대 오천 한마음 혹서기 마라톤 대회	01:41:47	하프
2007.12.16(일)	송년 포항 호미곶 온천 마라톤 대회	01:46:50	하프
2009.02.01(일)	2009년 전마협 동계 훈련 마라톤 대회	01:40:26	하프
2009.04.04(일)	제18회 경주 벚꽃 마라톤 대회	01:41:49	하프
2009.04.26(일)	제4회 성주 참외 전국 마라톤 대회	01:39:27	하프
2009.05.31(일)	2009년 전마협 청주 마라톤 대회	01:47:43	하프
2009.08.02(일)	2009 삼척 황영조 국제 마라톤 대회	1:41:17	하프
2009.09.20(일)	제8회 경산 마라톤 대회	1:43:20	하프
2009.09.27(일)	포항 해변 마라톤 대회	1:47:11	페이스 메이커(하프)
2010.02.07(일)	2010 전마협 청주 동계 마라톤 대회	1:39:32	페이스 메이커(하프)
2010.04.03(일)	제19회 경주 벚꽃 마라톤 대회	1:38:55	하프
2010.06.13(일)	2010 삼척 황영조 국제 마라톤 대회	1:45:58	하프

연도	대회명	기록	기타
2012.01.08(일)	이봉주 훈련 코스 제10회 경남 고성 전국 마라톤 대회	1:45:17	하프
2012.03.01(일)	제13회 울산 마라톤 대회	1:49:01	페이스 메이커(하프)
2012.04.29(일)	제7회 성주 참외 전국 마라톤대회	1:49:51	하프
2013.01.20(일)	이봉주 훈련 코스 제11회 경남 고성 전국 마라톤 대회	1:49:40	하프
2013.04.07(일)	제11회 영주 소백산 마라톤 대회	1:41:06	하프
2013.09.29(일)	2013 달서 웃는 얼굴 마라톤 대회	1:50:14 (호림강 나루 공원)	페이스 메이커(하프)
풀코스			
2009.5.10(일)	제3회 포항 영일만 울트라 마라톤 대회	05:10:19	울트라 대회
2011.04.10(일)	2011년 대구 국제 마라톤 대회	3:52:03 (풀 코스)	40회 완주
2011.10.23(일)	2011년 조선일보 춘천 국제마라톤대회	3:54:04 (풀코스)	41회 완주
2012.03.18(일)	2012년 서울국제마라대회 겸 제83회 동아 마라톤 대회	3:48:42 (풀코스)	42회 완주
2012.04.08(일)	2012년 대구국제 마라톤 대회	3:44:58 (풀코스)	43회 완주
2012.09.08(일)	제261회 대구 금호강 마라톤 대회	4:09:37 (풀코스)	44회 완주
2012.09.16((일)	제11회 경산 마라톤 대회	4:09.40 (풀코스)	45회 완주
2012.10.21(일)	동아일보 2012년 경주 국제 마라톤 대회	3:43:04 (풀코스)	46회 완주
2013.03.17(일)	2013 서울 국제 마라톤 겸 제84회 동아 마라톤 대회	3:39:08 (풀코스)	47회 완주
2013.05.19(일)	제9회 보성녹차 마라톤 대회	04:00:05 (풀코스)	48회 완주
2013.10.13(일)	동아일보 2013년 경주 국제 마라톤 대회	3:40:09 (풀코스)	49회 완주

연도	대회명	기록	기타
2013.11.03(일)	2013 서울 중앙 마라톤 대회	3:42:38 (풀코스)	50회 완주
2014.03.01(일)	제15회 울산 마라톤 대회	4:10:02 (풀코스)	51회 완주
2014.03.16(일)	2014년 서울 국제 마라톤 겸 제85회 동아 마라톤 대회	3:45:05 (풀코스)	52회 완주
2014.10.19(일)	동아일보 2014년 경주 국제 마라톤 대회	3:54:22 (풀코스) 페드롤	53회 완주
2015.03.01(일)	제16회 울산 마라톤 대회	3:56:55 (풀코스) 페이스메이커	54회 완주
2015.03.15(일)	2015 서울 국제 마라톤 겸 제86회 동아 마라톤 대회	3:55:10 (풀코스) 페드롤	55회 완주
2016.03.01(일)	제17회 울산 마라톤 대회	4:03:54 (풀코스) 페이스 메이커	56회 완주
2016.03.20(일)	2016 서울 국제 마라톤 겸 제87회 동아 마라톤 대회	4:01:47 (풀코스)	57회 완주
2016.10.16(일)	동아일보 2016년 경주 국제 마라톤	3:51:09 (풀코스)	58회 완주
2016.11.06(일)	2016 중앙 서울 마라톤 대회	3:50:26 (풀코스)	59회 완주
2017.03.01(수)	제18회 울산 마라톤 대회	4:03:26 (풀코스) 페이스메이커	60회 완주
2017.03.19(일)	2017 서울 국제 마라톤 겸 제88회 동아 마라톤 대회	3:49:15 (풀코스)	61회 완주
2017.10.16(일)	동아일보 2017년 경주 국제 마라톤	3:48:38 (풀코스)	62회 완주
2017.11.05(일)	2017 중앙 서울 마라톤 대회	3:47:21 (풀코스)	63회 완주
2018.10.21.(일)	동아일보 2018년 경주 국제마라톤	4:26:24	64회 완주
2019.03.17.(일)	서울 국제 마라톤 겸 제90회 동아 마라톤	4:23:21	65회 완주

연도	대회명	기록	기타
하프			
2014.04.05.(일)	제23회 경주 벚꽃 마라톤 대회	1:43:31	하프
2014.09.28(일)	2014년 달서 웃는 얼굴 마라돈 대회	1:49:40 (호림강 나루 공원)	페이스메이커(하프)
2015.04.04(일)	제24회 경주 벚꽃 마라톤 대회	1:49:44	하프
2016.04.09(일)	제25회 경주 벚꽃 마라톤 대회	1:47:02	하프
2016.07.10(일)	제12회 영덕 로하스 해변 전국 마라톤 대회	1:55:49 (해안언덕길)	하프 온도 30도 (초여름)
2016.08.21(일)	제201회 부산 갈매기 전국 마라톤 대회	1:45:50 (낙동강 강변 자전거길)	하프 온도 33도 (초여름)
2015.09.20(일)	2015년 달서 웃는 얼굴 마라톤 대회	1:51:28 (호림강 나루 공원)	페이스메이커(하프)
2016.09.25(일)	2016년 달서 웃는 얼굴 마라톤 대회	1:49:43 (호림강 나루 공원)	페이스메이커(하프)
2017.12.10.(일)	제29회 진주 마라톤 대회	1:43:30	하프
2019.05.19.(일)	제19회 통일기원 포항 해변 마라톤 대회	1:52:26	하프
2019.10.20.(일)	동아일보 2019년 경주 국제 마라톤	1:49:22	하프
2022..9.25.(일)	2022년 제16회 달서 하프 마라톤 대회	01:55:09 (호림강 나루 공원)	페이스메이커(하프)
2022.11.12.(일)	2022년 제19회 태화강 국제 마라톤 대회	01:54:00 (울산 태화강변)	페이스메이커(하프)
2023.03.05	2023 성주 참외 전국 마라톤 대회	01:58:36	4460 (배 번호)
2023.03.26	2023 진주 남강 마라톤 대회	01:57:43 (진주남강)	페이스메이카(하프)

연도	대회명	기록	기타
2023.05.21	제27 삼척 황영조 국제 마라톤 대회	01:57:46 (강원도 삼척)	
2023.09.24	제17회 달서 하프 마라톤 대회	02::01:10	페이스 메이커(하프)
2024.03.24	2024 진주 남강 마라톤 대회	02:00:19 (진주남강)	페드롤(하프)
2024.03.30	제21회 태화강 국제 마라톤 대회	02:00:34 (울산태화 강변)	페드롤(하프)
10km			
2001.10.28	2001년 동아 경주 오픈 마라톤	00:47:32	10km
2002.09.29	전국 하프 마라톤(안동)	00:42:55	10km
2005.05.01	제4회 해병과 함께하는 포항 전국 오천 마라톤 대회	00:44:04 (24)	10km
2006.11.12	제4회 상주 곶감 전국 마라톤 대회 (국립 상주대학교 운동장)	00:43:45(5.5) 전마협	10km
2007.07.08	제3회 영덕 로하스 해변 마라톤 대회	00:43:51 (21.3)	10km
2007.12.09	제3회 성암산 마라톤 대회	1시간 25분 (산악)	13km
2009.08.15	제7회 해병 혹서기 마라톤 대회	00:41:25	10km
2009.12.06	2009년 HI-O2 대전 마라톤 대회	00:46:16 (3.3)	10km
2009.12.13	제7회 포항 호미곶 마라톤 대회	00:46:54	10km
2011.06.19	제11회 통일기원 포항 해변 마라톤대회	00:48:14	10km
2011.07.24	제9회 경주 보문 호수 마라톤 대회	00:41:52	9.3km
2011.08.15	제9회 8.15 해병대 혹서기 마라톤 대회	0:46:38	10km

연도	대회명	기록	기타
2012.06.10	제12회 포항 해변 마라톤 대회	0:49:43	10km
2012.07.22	제8회 영덕로하스 해변 전국 마라톤 대회	0:46:23	10km
2012.12.09	제10회 포항 호미곶 마라톤 대회	0:50:17	10km
	제6회 경주시 생활체육 연합회장배 마라톤	0:48:24	10km
2013.04.13	제22회 경주 벚꽃 마라톤 대회	0:47:07	10km
2013.07.21	제11회 경주 보문 호수 마라톤 대회	0:45:31	9.3km
2013.10.16	제3회 울진 금강송 마라톤 대회	0:48:06	10km
2014.11.02	2014 포항 친선 마라톤 대회	0:47:56	10km
2015.05.10	제8회 경주시 생활 체육 육상 연합회장배 마라톤 대회	0:49:12	10km
2016.03.13	2016 포항시 육상 연합회 형산강 황토길 마라톤 대회	0:38:57	10km
2017.09.03	독도 수호 제15회 경주 동호인 마라톤 대회	0:50:04	10km
2018.09.09	제15회 거창사과 마라톤 대회		
2018.10.13	2018 포항 철강 마라톤 대회	00:50:17	10km
2018.11.10	2018 해병대와 함께하는 포항 철강 마라톤 대회		
2019.02.24	제16회 밀양 아리랑 마라톤 대회		
2019.08.31	제 4회 포항 철강 마라톤 대회	00:51:41	10km
2019.11.03	2019 경북 독도 수호 전국 마라톤 대회		

연도	대회명	기록	기타
2020.10.26	경주 마라톤 대회	00:57:08 (황성공원)	10km
2021.10.22	2021 포항 철강 마라톤 대회		
2022.07.03	영덕 해변 전국 마라톤 대회	00:54:50 고래불 해수욕장	10km
2022.10.15	2022 포항 철강 마라톤 대회	00:51:53 영일대 해상누각	10km
2022.10.16	2022 경주 마라톤 대회		
2022.11.13	제20회 통일 기원 포항 해변 마라톤 대회		
2023.04.01	제30회 경주 벚꽃 마라톤 대회	00:49:01 (경주보문로)	10km
2023.07.01	제19회 영덕 해변 전국 마라톤 대회	00:51:45 고래불 해수욕장	10km
2023.07.15	2023 제7회 포항 철강 마라톤 대회		10km
2023.10.21	2023 경주 마라톤 대회	00:57	10km
2024.03.10	2024 성주 참외 전국 마라톤 대회	00:56:08 (성주)	10km
2024.04.28	제22회 통일 기원 포항 해변 마라톤 대회	00:53:03 포항종합 운동장	10km

50/50 members 기념패 수상

50/50 members 기념패

<5부>
유도, 검도

동암 추모 유도 대회(유도, 검도)

동암 선생을 추모하기 위해 2017년 포항시장배 우수팀 초청 유도 대회가 열렸다.

동암 문달식 선생은 1917년 4월 1일 경북 포항에서 태어났으며, 일제의 압정 속에서 민족의 비극을 가슴 깊이 새기며 끓어오르는 젊음을 유도로 정진하며 심신을 단련하여 온 유도인이며 1945년 8월 26일 대구에서 성곡 김성곤, 최영호, 신치덕, 박시기, 신도환, 오영모 제씨들을 통합하여 '대한무술회'를 창설하고 다년간 사범진에서 총무직을 맡아 경북도내 유도 동호인들을 분과 없이 통합케 하였고 경상북도가 한국 유도의 근간을 수립함에 전국의 모범이 되게 하였다.

선생은 연세대학교 경영대학원 경제학과를 졸업하신 경제인으로서 이 지역에 기여한 바도 크지만 공인으로서 업적도 지대하다.

29세 젊은 나이에 포항읍장으로 금의환향하였고 1960년대 초 민선 포항시장을 역임하였으며 2대 걸친 포항시 체육회장 포항소방서장 대한해운조합 경북지부장 등을 거친 행정가요, 불의에 타협하지 않는 굳은 신념의 정치인이기도 했다.

1952년 한국 전쟁 말기에 경북 지역 수산업 발전을 위해 창업하신 동해 기업은 낙후된 동해안 발전에도 많은 영향을 끼쳤다.

선생은 1965년 10월 경북유도회로부터 유도 발전을 위해 헌신한 공로를 후세에 전하기 위한 제도로 만든 금장 공로장을 경북유도회 제

1호로 수상하였고 1978년 8월 21일 향년 82세로 일생을 마칠 때까지 유도인의 기상을 잃지 않고 후진 양성과 한국 유도 발전에 많은 업적을 쌓았다

고인의 업적을 기려 대한 유도회에서 선생께 유도 8단을 추서했고 1983년 10월에는 경북 유도회에서 동암 선생의 공적을 후세에 널리 알리어 유도인의 귀감으로 삼고자 유도인들의 성품으로 공적비를 제작하게 되었다.

공적비 건립에는 (고)신도환 공적비 제작 위원장, (고)인용만 경북유도회장, 구태희 심의위원장 등 경북 유도계 원로들의 힘이 컸다.

선생께서 가신 지 39년이 지나 매년 어려운 환경 속에서도 굳건한 선생의 유지를 이어온 포항시 유도회가 2017년 포항 시장배 우수팀 초청 유도대회를 개최하게 되었다.

오늘의 이 대회는 유도인의 가슴속에 도도히 흐르고 있는 동암 선생의 중후한 인품과 빼어난 경륜의 맥을 잇고자 함이오, 경북 유도의 눈부신 발전과 한국 유도의 초석을 길러내고자 함이다.

이 대회를 통해 선생님께서 평소 늘 바라 오시던 한국 유도 중흥의 중추적 역할이 우리 경북 유도인이어야 한다는 염원이 이루어지리라 본다.

여름 태양의 열기가 온갖 곡식을 무르익게 하는 계절이다. 지속 가능한 환동해 중심 도시 포항에서 '2017년 동안 선생 추모 포항시장배 우수팀 초청 유도 대회'가 열렸다. 유도는 단순히 힘을 사용하는 것이

아니라 공격해 오는 상대의 힘을 이용해 자신을 보호하는 운동으로 언제나 겸허한 자세로 몸을 낮추고 상대방을 존중하는 예의를 가르치는 운동이며, 신체 단련과 정신 수양을 목적으로 하는 무술이다. 상대방을 존중하고 자신의 몸과 마음을 바르게 수련하여 건강한 신체에 올바른 가치관을 세울 수 있는 종합 무도이며, 효자 종목으로서 세계 대회뿐만 아니라 올림픽에서도 우수한 성적으로 국위를 선양하는 스포츠이다.

동암배 유도 대회 개회사 및 입장식

유도(스포츠의 특성)

◆스포츠의 특성
1. 공정한 경쟁과 도덕성
2. 신체적 건강 추구
3. 도전과 극복을 통한 성취
4. 팀워크를 통한 상호 연결(타인과 세상과 연결)

◆직업인으로서 스포츠 지도자: ①자신과 타인에 대한 존경과 존중 ② 자아실현 ③ 직업 삶

유도는 사람들의 생활과 밀접한 연관이 되어 발전해 온 무술에서 시작되어 수많은 세계적인 선수를 배출해 오며 한국 스포츠의 효자 종목으로 자리를 굳건히 하고 있으며 부드럽고 유연하면서 과학적·체계적 훈련을 하여야 합니다.

유도는 신체 단련과 정신 수양을 목적으로 하는 무술로 상대방을 존중하고 자신의 몸과 마음을 올바르게 수련하여 건강한 신체 자신의 올바른 가치관을 세울 수 있는 스포츠 경기입니다.

유도 대회는 "외유내강 예시예종 유능제강"이라는 유도 정신을 되새기며 유도인들의 단결과 화합을 위한 만남의 장입니다.

> 경미한 위반 '지도'
> 중대한 위반 '반칙패'

주심은 선수에게 벌칙을 결정할 때 "그쳐"라고 선언해 경기를 일시 중지하고 금지 행위를 한 선수에게 수신호로 벌칙을 선언합니다. '반칙패'

· **경기 시간**
1. 남, 여, 일반/ 팀
2. 21세 이하 남, 여/ 팀
3. 18세 남, 여/ 팀: 4분
4. 초등부 여자 중등부: 3분

· **수신호**
1. 한판: 손바닥을 앞으로 향하게 하여 팔을 머리 위로 높이 뻗어 올린다.
2. 절반: 손바닥을 아래로 향하여 뻗은 후 팔을 옆으로 어깨 높이까지 뻗는다.
3. 누르기: 선수들을 바라보며 그들을 향해서 몸을 굽힌 상태에서 손바닥을 아래로 하여 팔을 뻗는다.
4. 누르기 풀려: 한 팔을 정면으로 치켜 올리고 오른쪽에서 왼쪽으로 두 번이나 세 번 정도 빨리 흔든다.

5. 그쳐: 한손을 어깨높이로 올려서 손가락을 모아 위로 세우고 손바닥은 계시석을 향하게 한다.
6. 그대로: 몸을 앞으로 굽힌 채 손바닥으로 양 선수를 터치한다.

· **기술종류**
1. 손기술: 업어치기 빗당겨치기 어깨로메치기 띄어치기 모로떨어뜨리기 띠잡아떨어뜨리기 업어떨어뜨리기 외깃잡아업어후리기 허벅다리비껴되치기 안뒤축되치기 한팔업어치기 띠잡아뒤치기 허리띠기 허리껴치기 허리돌리기 허리후리기 띠잡아허리채기 허리튀기 허리옮겨치기 뒤허리안아메치기 소매들어허리채기
2. 발기술: 나오는 발차기 무릎대돌리기 발목받치기 밭다리후리기 안다리후리기 발뒤축후리기 안뒤축후리기 모두걸기 허벅다리걸기 발뒤축걸기 다리대돌리기 발목후리기 허리대돌리기 두밭다리걸기 밭다리걸기 모두걸기되치기 밭다리되치기 안다리되치기 허리튀기되치기 허리후리기되치기 허벅다리되치기
3. 바로누우며메치기기술: 배대뒤치기 안오금띄기 누우면서던지기 끌어누우며뒤집기 뒤빕어넘기기
4. 모로누우며메치기기술: 옆으로떨어뜨리기 오금대떨어드리기 허리튀겨감아치기 바깥감아치기 모로띄기 옆으로누우며던지기 모로돌리기 모로걸기 허리안아돌리기 안쪽감아치기 밭다리감아치기 허벅다리감아치기 허리후리기감아치기 안뒤축감아치기
5. 누르기: 곁누르기 고쳐곁누르기 뒤곁누르기 어깨누르기 위누르

기 위고쳐누르기 가로누르기 세로누르기
6. 조르기: 십자조르기 역십자조르기 외십자조르기 맨손조르기 안아조르기 죽지걸어조르기 어깨로조르기 양손조르기 소매깃잡고조르기 주먹조르기 삼각소르기
7. 꺾기: 팔얽어비틀기 팔가로누워꺾기 어깨대팔꿈치꺾기 무릎대팔꺾기 겨드랑이대팔꺾기 배대팔꺾기 다리대팔(꺽)꺾기 손대팔꺾기 삼각팔꺾기

검도의 이념 기본 기술 동작

"검도의 이념은 검(劍)의 이법(理法)의 수련(修練)에 의한 인간형성(人間形成)의 길이다." 理는 이치와 마음법 기술의 수련을 말하므로 검도는 마음 수련과 기술 수련이 병행되어야 높은 수준에 이를 수 있고 올바른 인간 형성이 이루어질 수 있는 것이다.

검도란 말하자면 칼싸움이다. 역사는 수천 년 또는 수만 년 전으로 거슬러 올라갈 수 있는데 우리나라 아이들뿐만 아니라 어른들의 편싸움에, 심지어는 궁중에서까지 봉희나 격침으로 행하였던 것이다.

이집트에서는 BC1500년경 이미 막대기 싸움이 크게 유행하였으며, 신라 화랑도(花郎徒)에게 있어 격침이 필수적인 과목이었다.

1. 머리: 정면 좌면 우면
2. 손목: 오른손목 왼손목
3. 허리: 오른허리 왼허리
4. 목(찌름)
5. 겨눔세: 중단세 상단세 하단세 어깨칼 허리칼
6. 후리기: 정면후리기, 좌우면후리기, 정면머리치기, 좌우머리치기, 허리치기, 정면머리치기, 좌우머리치기, 손목치기, 좌우허리치기
7. 동작치기: 정면머리치기 좌우 머리치기 손목치기 허리치기 찌름

현재의 검도 경기가 만들어진 것은 100여 년 전으로 아직 세계적인

스포츠로 정착하지 못하고 있다. 앞으로는 용구를 좀 더 과학적으로 개량하고 경기 방식도 현대화하여 보다 건전하고 가치 있는 체육 경기로 활성화시켜 전 세계인의 사랑을 받도록 하여야 할 것이다.

<6부>
자전거 탐방기

2013년 호미곶 관광지 글

호미곶 유래

호미곶은 한반도에서 가장 먼저 해가 뜨는 곳으로 한반도의 최농단에 위치하고 있습니다. 16세기 조선 명종 때 풍수지리학자인 격암 남사고는 이곳을 우리나라 지형상 호랑이 꼬리에 해당한다고 기술하면서 천하제일의 명당이라 하였고 육당 최남선의 백두산 호랑이가 앞발로 연해주를 할퀴는 형상으로 한반도를 묘사하면서 일출 제일의 이곳을 조선 십경의 하나로 꼽았습니다.

송도, 죽도시장, 영일대 해수욕장, 신항만 호미곶을 돌아오는 코스로 호미곶 관광 특구 개발에 대한 적극적인 투자가 시급합니다.

국립(國立) 등대(燈臺) 박물관(博物館) 새천년 기념관, 관광 특산품 매장 데크 로이드, 상생의 손, 연오랑세오녀, 4월~5월 말까지 피는 노란 유채꽃까지. 마치 꿀벌이 꽃송이에 살포시 앉아 있는 모습에 하루 종일 사람들의 발길이 이어지고 있네요.

유채꽃 단지도 확대할 필요성이 있으며 도구~강서리 도로는 한적한 드라이브 코스로서 바다 경치는 아름다우나 아쉬운 것은 모감주나무, 이팝나무 은행나무 식목과 동해 바다를 볼 수 있도록 높은 언덕에 전망대 건립을 구상하시기 바랍니다.

주위 강서리 바위에서 낚시도 하며 아침에 출발하여 저녁에 돌아오는 계획도 세웁니다. 돌문어 축제에 적극적인 지원이 필요합니다. 유채꽃 단지, 강서리 보리밭, 광장의 무대도 보완하고 용인 에버랜드와 보문 관광단지를 벤치마킹해 각종 나무도 심고 구룡포~구만리 도로에서 광장으로 진입하는 농로 길을 확장해야 합니다. 아름다운 가로수길 조성과 대형 버스 운행에 불편함 없이 주차할 수 있는 주차장에 진입하는 데 조금도 불편함이 없어야 할 것입니다.

  포항시 홍보관, 역사관, 문학관, 전망대 건립, 테니스장, 농구장, 족구장. 풋살구장, 위락 시설, 호텔, 모텔과 같은 숙박시설 등을 하루빨리 건립하여 머물고 갈 수 있는 관광지 조성을 바랍니다.

2014년 호미곶 관광지 탐방기 후기

◆ 날씨: 맑음
◆ 기온: 최저 -4 최고 4

　장성동에서 출발하여 영일대 바다 일출 모습을 담고 자전거 길을 따라 POSCO를 경유했다. 도구는 시금치와 부추 하우스가 보이며, 해수욕장을 지나자마자 호미로 꼬불꼬불한 길을 따라 가다가 보니 임곡 휴게소 서편 연오랑세오녀 테마파크 공원 조성을 위한 공사를 하고 있었다. 모닥불을 피워 놓고 철근 반생 작업, 포클레인 작업이 한창이며 산에서 바라본 경치가 좋았다. 그리고 바다에는 한가롭게 밀려오는 파도가 두루마리가 움직이는 모습과도 같다.
　저 멀리 우뚝솟은 포항제철 굴뚝 고로 공장이 보인다. 영일만 신항이 앞으로 대북방교역 및 환동해 중추 거점 도시로 하루 빨리 인프라를 구축해야 될 것이며, 바다 한가운데는 원료선 어선이 움직이는 모습이 보였다. 대보 가는 길은 언덕이 많고 비록 힘들고 멀지만 목적지로 향하는 나로서는 드문드문 작은 어촌 마을과 바다를 보면서 즐기며 편안하게 자전거 하이킹을 하였다.
　마산리, 흥한리, 발산리 대동배 동네가 있지만 특히, 발산리 가는 언덕길에는 앙상한 모감주나무가 간간이 보이며 개화 시기 5월~6월 금빛 색깔이며 포항시에서 체계적인 호미곶로 관광지를 위해 가로수 도로 관리가 필요하다.

파도 바람도 쉼 없이 분다. 마을을 지날 무렵 바닷가에 자갈밭에 자연 그대로 바위가 우뚝 서 있는 발산리 장군 바위에서 사진 촬영과 높은 발산재를 향하여 매서운 추운 날씨지만 마음속으로 더욱더 다짐을 하여 본다.

호미곶 해안 길을 따라 가다가 구 도로 터널을 해송 길을 지나 한참 갔다. 바닷가 악어 바위와 독수리 바위 일대는 옛날 파도가 매우 심하여 사람들이 청어가 파도에 밀려 떠내려 와 깔꾸리로 끌었다는 이야기가 전해온다.

이육사 청포도 시비가 잘 단장되어 있으며, 바다에는 삼킬 듯 거칠게 밀려오는 파도와 물 위에 한가롭게 놀고 있는 갈매기 모습이 아주 특이하다.

작은 소로를 따라 호미곶 광장 부근 데크로이드에는 돌문어와 소년 청동상이 바다를 손짓하는 모습을 놓치지 않고 찾아오신 관광객과 손님이 기념 촬영에 분주하다.

상생의 손, 채화의 불씨, 야외무대, 가마솥, 새천년 기념관, (매주 월요일 휴관)국립 등대 박물관, 오수 처리 정화 시설 등 잘 보았지만 아쉬운 점도 있다. 구룡포읍~구만리 도로는 개통되었지만 진입하는 길이 좁아 대형 관광버스가 호미곶 광장으로 오고 가는 데 불편함을 느끼고 있다는 것이다. 대로를 따라 구만리 가는 길은 확 트여 있어서 마음 또한 상쾌하다.

푸른 바다를 보니 눈부신 포항의 발전된 항구가 보인다. 오대양 육대주로 뻗어 나가는 시발점이며 환동해 시베리아로 뻗어가는 중심 항구로서 손색이 없다.

  한파 주의보에 차가운 날씨이지만 운동 후 마음 또한 상쾌하며, 오늘도 범사에 감사하며, 알차고 보람찬 하루를 보냈다.

낙동강 국토 종주 자전거길 여행

 나 자신이 더 행복한 세상을 만들기 위해 집에서 일찍 일어나 자전거를 타고 짐을 챙겨 자전거를 타고 포항 시외버스 터미널로 향하였습니다.

 (낙동강 하굿둑 을숙도~35㎞ 양산물문화관~52㎞ 창녕함안보~55㎞ 합천창녕보~38㎞ 달성보~28㎞ 강정고령보~36㎞ 칠곡보~35㎞ 구미보~19㎞ 낙단보~17㎞ 상주보~11㎞ 상주 성동교~55㎞ 안동댐)

 자전거를 차에 싣고 부산에 가는 길입니다. 차창 밖에 펼쳐지는 아름다운 풍경에 도취되어 마냥 즐겁기만 합니다. 올해는 모심기 철이지만 가뭄이 빨리 찾아왔습니다.

 지리산 팔공산 국립공원 등의 수려한 국립공원을 바라봅니다. 람사르 습지로 등록되어 있는 우리나라 최대의 원시 자연 늪지인 우포늪과 겨울 철새 도래지인 낙동강 하구 주남저수지와 같은 생태적으로 우수한 지역들이 있으며 긴 교량에서 바다를 보니 가슴이 탁 트이는 느낌이 듭니다. 잘 단장된 공원 낙동강 하구에서 출발 오고 가는 길 양쪽으로 젊은이들이 하이킹 조깅하는 사람들이 많이 보이며, 도시 고층 빌딩과 자연 생태가 조화로우며 다음 세대에 물려줘야 할 아름다운 자연을 조성하여 깨끗한 생태 공원에서 제6회 구포 나루 축제 도착하여 국수와 음료수로 허기진 배를 급히 채우고 행사장을 돌아보며 옛 선조의 삶을 체험하였습니다.

 삼랑진 잠수교 지나 좌회전 이정표를 보지 않고 직진해 밀양강 제방을 따라가다가 되돌아온 기억이 납니다. 마음이 급하니 실수를 범하고 말았습니다.

창녕함안보 휴게소 매점에서 팥빙수, 음료수를 마시고 다시 출발했습니다. 휴게소에서 남지까지는 어두운 밤길이리 멀고 힘들며, 긴 교량을 건너 밤늦게 도착하였습니다.

죽, 음료수 등 내일 먹을 간식을 마트에서 사서, 인근 식당에서 저녁을 먹고 모텔 방을 잡았습니다.

모텔 방은 깨끗하고 대체로 조용하지만 몸도 피곤하고 샤워 후 오늘의 묵상과 TV 시청 후 잠을 청하니 선잠이었습니다.

강정고령보 인근 이정표에서 약간 혼돈으로 시내 자전거길 가다가 길을 잃어버렸습니다.

왔다 갔다 하다가 멀리 있지만 유원지를 찾았습니다.

낙동강 자전거 길은 아름다운 하천과 자연과 유적 관광지로 다채롭습니다. 안동 하회마을, 상주 경천대를 구경하고 너른 구미 해평들 강변을 달리다가 지루하면 시가지를 관광할 수가 있습니다.

휴일이지만 시민을 위한 다채로운 행사가 열려 있습니다. 그리고 많은 시민 가족과 함께 구경 나온 어린이가 동심의 세계를 마음껏 즐기는 모습을 뒤로하고 힘들지만 갈 길을 재촉하며 자전거 가속 페달을 밟았습니다.

칠곡 식당에서 저녁을 먹고 내일 먹을 간식을 마트에서 죽, 과일, 찹쌀떡, 음료수를 사서 모텔 방에서 오늘의 묵상을 하고 잠을 청하였습니다.

길을 따라가다가 가파른 산과 높은 재도 넘고 데크로드 건너고 긴 제방, 뚝을 하이킹하는 젊은 사람도 보았습니다. 날씨가 습하고 무더우며 물을 자주 마셨습니다.

상주 자전거 박물관 지나 첫 번째 언덕길, 두 번째 긴 언덕길, 경천대 관광지를 지나자마자 체인이 감기며 멈추어 섰습니다. 큰 일입니다.

긴급 구조를 요청했습니다. 자전거 수리 후 안동댐에 가야 하는데 세재 가는 길에서 왔다 갔다 하다가 산업 도로 안동 가는 방향 많은 차량 대형 차량이 주행하는 매우 위험하고 멀지만 젖 먹는 힘을 다해 어둡기 전에 도착해야 합니다.

힘차게 자전거 페달을 밟았습니다.

하나로 마트에서 내일 마실 음료수, 과일, 팥죽, 찹쌀떡, 통닭과 간식으로 배를 채우고 찜질방에서 밤을 보내었습니다.

안동댐에 도착하여 기념사진을 촬영한 후 사무실에서 직원으로부터 부산 을숙도~안동댐까지 인증 도장 확인, 인증서에 스티커 부착하니 지금까지 고생이 헛되지 않고 목표 달성했다는 생각에 기쁩니다. 몸은 피곤하고 지쳤지만 한없는 기쁨과 아름다운 금수강산에서 체험하고 즐길 수 있어 감사합니다. 극기 훈련 체험 무엇이든 할 수 있다는 자신감에 감개무량합니다.

강변 자전거 길엔 시원한 바람이 붑니다. 안동 시외버스 터미널 가는 길, 성취감과 마음이 한결 홀가분하고 자전거 페달이 한결 가볍습니다.

4대강 중에서 가장 길고 험준한 산과 산을 넘는 재(고개)가 있으며 한적한 시골 제방이 이어지는 길, 쉬는 시간 지도 펼쳐 보고 자전거 부착 GPS 길 안내 생각하면서 주행하면 유익합니다.(3박 4일 자전거 여행)

꿈을 크게 꾸고 일에 집중하면 크고 작은 성취를 이루어짐을 느낄 수가 있습니다. 분명한 것은 어제보다 너 윤택하고 행복한 삶을 살 수 있다는 것입니다.

1. 낙동강 하굿둑 위치: 낙동강 문화관(을숙도) 종주 인증 가능 수첩 판매 가능(공원 사진 촬영)
2. 양산물문화관 위치: 물금취수장 옆
3. 창녕 함안보 위치: 관리동 수첩 판매 가능 종주 인증
4. 달성보 위치: 관리동 수첩 판매 가능 종주 인증
5. 강정고령보 위치: 디아크 수첩 판매 가능 종주 인증
6. 칠곡보 위치: 관리동 수첩판매 가능 종주 인증
7. 구미보 위치: 관리동 수첩판매 가능 종주 인증
8. 낙단보 위치: 관리동 수첩 판매 가능 종주 인증
9. 상주보 위치: 관리동 수첩판매 가능 종주 인증
10. 안동댐 위치: 물문화관 수첩 판매 가능 종주 인증

<7부>
지역 일간 신문 기고 글

2014년 "나 자신과의 싸움에서 승리를 만끽하다" (대경일보)

"나 자신과의 싸움에서 승리를 만끽하다"

'2014년 서울 국제 마라톤 대회 겸 제85회 동아 마라톤 대회' 포항시 마라톤 연합회 회장 안병돈 참가 후기

봄은 사람들의 가슴에 꿈과 희망을 선사하는 계절입니다. 세계 마라

톤 골든 라벨 대회이며 아시아 최고 권위의 대회로서 세계 각국의 정상급 선수들이 참가하며 마라톤 동호인들이 주목하는 2014년 서울 국제 마라톤 겸 제85회 동아 마라톤 대회에 참가하고자 심야 시간에 포항 종합 운동장 앞에서 동호회 회원들과 간단히 인사 후 목적지를 향해 출발합니다.

종합운동장을 지나 마주친 시내 대로는 자정이라 적막감과 고요감이 감돌았습니다. 나 자신의 가슴속에도 쓸쓸함과 외로움이 교차함을 느꼈습니다. 간단하게 사회자에게 일정 설명을 듣고 소등 후 눈을 감고 잠을 청하나 잠자리가 불편해 자는 둥 마는 둥 했습니다. 칠곡 휴게소에 잠시 들러 휴식 후 덕산 휴게소에서는 서울 시내로 들어가기 전 마지막 휴게소라서 지방에서 많은 참가한 선수 여러분들과 반갑게 조우하며 식사도 함께합니다. 오늘 기온이 최저 6도, 최고 16도로 화창한 봄 날씨입니다. 관광버스가 도착한 광화문은 참가한 선수와 가족 시민 등 수많은 참가 선수 여러분들이 있습니다. 안내 방송 교통 경찰관 가족들이 분주하게 왔다 갔다 합니다.

또 하늘에서는 취재 헬기가 분주히 움직입니다.

차량에 소지품과 가방을 택배 차량으로 배송 후 출발선으로 이동합니다.

사회자의 안내 방송 카운트다운 출발 신호와 함께 참가 선수 여러분들 인파 속에서 마음속으로 완주를 다짐하며 서서히 당당하게 출발합니다.

화창한 날씨, 파이팅을 외쳐주는 시민 덕분에 절로 신이 나 1차, 2차

지점은 무리 없이 통과합니다.

하프 지점을 지날 지점에 약간의 다리 통증을 느꼈지만 마음을 추슬러 '나 자신과의 싸움'에서 이기기 위해 의연히 달리고 달립니다.

성동교 사거리를 지날 무렵 현저히 달리는 속도가 떨어집니다. 35㎞ 지점인 잠실대교를 지날 무렵은 안간힘을 쓰며 이를 악물고 달립니다.

목이 마른 나머지 급수대에서 2번이나 물을 마십니다.

송파구 석촌호수 사거리(37.5㎞)를 지날 무렵, 에너지는 거의 소진되며 마지막 젖 먹던 힘까지 다하면서 굳게 다짐합니다.

미사리 석촌호수 삼거리(40㎞)를 지날 무렵은 정말 아무 생각조차 들지 않았지만 잠실 운동장 트랙 피니시 라인을 생각하며 끝까지 견뎌냈습니다.

나는 환호하는 인파들 속에서 '승리의 기쁨을 만끽'하면서 피니시 라인을 통과합니다.

광화문 광장을 출발해 잠실 운동장 피니시 라인까지 총 42.195㎞를 달리는 마라톤은 '기나긴 고독과 나 자신과의 싸움'이지만 완주한 사람에게는 멋진 축제의 장이기도 합니다. 마라톤 대회는 나에게 정말 멋진 추억이 되었습니다.

이 자리를 빌려 동호회 회원, 교통경찰관을 비롯해 자원봉사자 분들과 삼성전자, 삼양그룹, KB금융그룹, 아식스, 동아 오츠카, 채널 A 관계자에게 진심으로 감사를 전합니다.

2014년 대경일보 안병돈 기사 내용

제17회 달서 하프 마라톤 대회 참가기
(대경일보)

무더운 여름도 지나가고 화창한 공기 선선한 바람이 불고 있다. 민족의 고유 명절 한가위도 지나고 본격적인 추수의 계절이 성큼 다가왔다.

녹음이 울창한 가로수와 코스모스가 가을의 정취를 물씬 풍긴다. 마라토너의 한 사람으로서 대구 달서구 지역 구민 여러분들과 만들어 가는 스마트 그린시티, 머물고 싶고, 살고 싶은 호림 강나루 공원에서 제17회 달서 하프 마라톤 대회가 개최되어 진심으로 반갑다.

무덥고 습한 레이스를 펼치다 보면 힘겨워서 지쳐 포기하고 싶은 몸과 마음을 이겨내며, 가슴까지 차오르는 거친 숨을 몰아쉬며 끝이 없을 것 같은 길을 달린다. 결승점에서 돌아본 나 자신의 모습은 늘 무엇인가 하고자 하는 의욕으로 가득 차 있고 나태한 이전과 확연히 다른 모습이다.

마라톤은 우승도 중요하지만 튼튼한 체력 심장 그리고 의지만 있다면 남녀노소 즐길 수 있는 멋진 스포츠다.

강인한 정신력과 지구력이 필요한 만큼 자신의 한계에 도전하고 달리면서 일상생활 속에서 쌓인 스트레스를 해소 할 수 있는 매력적인 경기이기도 하다.

달서 하프 마라톤대회에 참가한 전국 풀뿌리 마라톤 동호인들은 그동안 갈고닦은 기량을 마음껏 발휘했다고 본다.

나도 참가 선수 여러분들과 함께 하프 대회 페이스메이커로 출전했으며, 구민 여러분들과 한마당 축제의 장을 만들었다.

시청, 구청, 경찰서, 소방서, 새마을지도자협의회, 새마을부녀회, 바르게살기 협의회, 모범운전자, 달서성서 녹색어머니회, 해병전우회, ㈜대한응급처치구조사 협의회, 대구광역시시회 등 마라톤 대회에 봉사하신 분들께도 감사한 마음을 전하고 싶다. 내년에는 더욱 알찬 마라톤 대회가 되길 기대한다.

2024년 성주 참외 전국 마라톤 대회 참가 후기(대경일보)

별고을 성주에서 가 볼 만한 곳은 성주호, 성주사, 성 밖 숲, 성주향교, 성산산성, 한개 마을, 한국 농촌 체험 역사, 테마 공원, 참외 테마파크, 세종대왕 태실, 회연서원, 무흘구곡 마을이다. 아름다운 자연환경에서 풀뿌리 마라톤 대회가 열렸다. 출발 신호와 함께 건각들의 긴 대열이 넓은 대로에 가을 단풍같이 오색 형용한 띠가 펼쳐졌다.

자연 경관과 풍부한 생태계로 가야산의 웅장하고 깊은 정기를 이어받은 성주 참외 전국 마라톤 대회는 긴 언덕길이다. 가슴까지 차오르는 숨을 몰아쉬며 나 자신만의 고독한 레이스를 펼쳤다. 마라톤은 인간 한계를 자극하고 극복하면서 끈기와 강인한 정신력이 요구되는 올림픽 경기의 꽃이며 건전한 스포츠 경기다.

마라톤은 불굴의 도전 정신을 키울 수 있으며 결승선 통과 후 짜릿한 성취감을 느끼는 것 같다. 언덕이나 오르막을 오를 때 힘들고 거친 숨을 몰아쉬며 장애물을 만나면 포기하고 싶으나 오르막이나 장애물을 지나고 나면 내리막길은 시원한 바람이 흘린 땀방울을 식혀 준다.

이번 대회에서는 승부보다 다른 사람을 배려하고 함께 즐기며 기쁨이 두 배가 되는 축제의 장이 되었으며, 동계 연습을 열심히 한 보람을 느꼈다. 참가한 선수 모두가 승자가 되는 뜻깊은 하루였다. 대회 준비를 위해 수고한 성주군, 성주군의회, 성주교육지원청, 성주경찰서, 성주소방서, 성주군보건소, 성주군육상연맹 여러분들의 헌신적인 노력과 봉사 덕택에 안전사고 없이 무사히 완수했다. 감사드린다.

아울러 포항마라톤 회원 여러분들과 1분기 지정 대회를 계획한 운영진 여러분들의 노고에 진심으로 고마움을 전한다.

제30회 경주 벚꽃 마라톤 대회
(경상 매일 신문)

　지난 4월 1일 아침, 화창한 기온 속에서 제30회 경주 벚꽃 마라톤 대회가 열렸습니다.
　신라 천년 유적과 보물, 숨결이 살아 있는 경주. 꽃향기 가득 엑스포 광장을 출발하면 생동하는 봄을 축하라도 하듯 천군로 산모퉁이로 이어지는 활짝 핀 벚꽃, 개나리 진달래, 야생화가 아름다운 자태를 자랑합니다.
　보문 호숫가 버드나무, 찔레꽃 새순은 얼굴을 활짝 내밉니다. 꽃과 초록이 어우러진 시원한 경주 보문호반은 천혜 장소 전국에서 보기 드문 환상의 마라톤 코스입니다.
　마라톤은 시간과 장소에 구애받지 않고 러닝 신발과 운동복만 입으면 격식이나 특별한 장비나 도구 없어도 누구나 쉽게 접할 수 있으며, 건강한 신체를 보존하고자 하는 의욕만 있으면 달릴 수 있습니다.
　마라톤은 현대인의 건강한 생활을 영위하도록 하는 국민 생활 체육으로 자리 잡고 있습니다.
　제30회 경주 벚꽃 마라톤 대회에 참가하는 것만으로도 행복한 마라톤, 풀뿌리 마라토너와 함께 기쁨이 두 배가 됩니다.
　저는 비가 오나 눈이 내리나 쉬지 않는 겨울, 동계 체력 훈련과 성주 참외 마라톤 대회, 진주 남강 마라톤 대회 등 그동안 수없는 훈련 덕택에 기량을 가감 없이 발휘하였습니다.

마라톤은 개인 기록도 중요하지만 가족의 행복과 자신의 윤택한 삶, 건강을 위해 부상 없이 즐겁게 달리는 데 목적이 있습니다.

일기장에 기록하지 않으면 자신의 모습을 기억할 수 없듯이 마라톤도 차곡차곡 연습을 하면서, 시합에 참가해 최신을 다해 골인 지점의 매트를 밟는 짜릿한 순간엔 말할 수 없는 쾌감을 느낍니다. 아울러 할 수 있다는 무한한 자신감과 성취감을 느낄 수 있습니다.

제30회 경주 벚꽃 마라톤 대회를 축하드리며, 시장한 배를 채우기 위해 국수, 어묵을 먹으면서 봉사자 여러분들 정말 감사합니다.

대회에 참가하신 12,000명 동호회 선수 여러분들의 가정에도 기쁨과 만복이 가득하시길 기원합니다.

부부 사랑 포항 마라톤 대회
(2006년 8월 26일)

포항 글라스텍 안경에서 협찬을 받아 부부 사랑 포항 마라톤 대회를 개최하였습니다.

기쁨과 즐거움 속에 단 한 명의 부상자 없이 성공적으로 대회를 개최하였습니다.

저는 포항 마라톤 사무국장으로서 대회 행사 진행 재무 역할을 전반적으로 수행하였고, 제1회 전국 부부 마라톤 동호인의 사랑과 우정을 돈독히 할 수 있었습니다.

포항 시청 보조금과 십시일반 모은 참가비, 사업자 협찬으로 대회를 개최했습니다.

부부가 함께 달림으로써 서로간의 사랑과 이해를 돈독히 하고 체력 증진으로 화목한 가정생활 및 사회생활을 영위할 수 있도록 하기 위해 이번 행사를 마련했습니다.

아무쪼록 많은 부부가 참여해 건강도 지키고 부부 사랑도 키워가는 좋은 자리가 됐으면 합니다.

제4회 상주 곶감 마라톤 대회 하프 페이스메이커 참가(2007년 10월 28일)

2006년도 제4회 상주 곶감 전국 마라톤 대회

갑자기 추워진 날씨로 인해서 요즘은 컨디션이 좋지 않습니다. 하지만 올가을철에는 전국적으로 크고 작은 대회가 많이 있습니다. 대회가 다가오고 있다고 생각하니 다시 마음을 다짐하면서 그동안 갈고닦은 실력을 유감없이 발휘하고자 생각을 하여 봅니다.

오늘도 가을바람과 함께, 산길 또는 들판길을 달려 봅니다.

엎친 데 덮친 격으로 오늘은 갑작스런 소나비로 온몸이 흠뻑 젖기도 하였습니다.

호랑이가 장가를 가나? 아마 그런가 봅니다.

다시 비가 그친 가을 하늘을 보니 이번 돌아오는 제5회 상주 곶감 전국 마라톤 대회가 더욱 기대되었습니다.

아기가 걸음마로 엉금엉금 엄마에게 달려가듯 하프 대회 페이스메이커인 저는 연습 기간 동안 많은 생각이 들었습니다.

'많은 선수 여러분들에게 길잡이가 되어 주고 싶다.'
'이번에는 1시간 40분을 최대한 지키면서 피니시 라인을 통과하자.'
'누군가 나로 인해 기록을 단축하겠지.'

이런저런 생각을 하면서 달리기를 하였습니다.

부디 돌아오는 제5회 상주 곶감 전국 마라톤 대회에 앞에서 이끌어 주며 완주할 수 있도록 나 자신부터 충실히 연습하여 후회 없는 대회 준비를 단단히 하겠습니다.

그럼, 우리 모두 아자! 파이팅!
제5회 상주 곶감 전국 마라톤 대회에서 만납시다.

안병돈(an4626@postown.net)

"포항의 건강달리기 문화 정착 최선 다할 터"

게재일 2013. 02. 25
안병돈 포항시 마라톤 육상연합회장

포항시 마라톤 육상연합회 제2대 회장에 안병돈씨가 취임했습니다.

포항시 마라톤 육상연합회는 지난 21일 웨딩아이린에서 신구 회장단이 취임식 및 유공자 시상식을 가졌습니다.

행사에서 초대 박장원 회장에 이어 안병돈 부회장이 제2대 회장에 취임했습니다. 신임 안병돈 회장은 "흩어져 있는 각 클럽의 구심점을 만들고 감사 도시 포항의 건강한 달리기 문화를 정착시키는 데 최선을 다하겠다"며 취임 포부를 밝혔습니다.

안병돈 회장은 이어 "지역에서 개최되는 호미곶 마라톤 대회와 통일 기원 해변 마라톤 대회, 8·15 혹서기 마라톤 대회, 영일만 울트라 마라톤 대회 등 각종 전국 대회를 전국 최고 명품 대회로 발전시켜 포항의 자랑거리로 만들도록 노력하겠습니다"라고 덧붙였습니다. 포스코 특수경비전문회사인 ㈜포센에서 근무 중인 안 회장은 현재 전국 독도사랑 페이스메이커와 전국 마라톤 협회 홍보대사로 활동하고 있습니다. 2003년 미국 제107회 보스톤 마라톤 대회 출전을 비롯한 각종 국내외 대회에 참가하며 2005년 20/20 Members Club(풀코스 3시간 59분 59초 1번 이상, 풀코스 20회 이상 완주)을 달성했습니다. 포항 마라톤 육상연합회는 현재 지역 동호인 15개 클럽과 회사 소속 동호인 클럽 6개 등 21개 클럽, 약 1천여 명의 동호인이 활동하고 있습니다. 지난해 마라톤 동호인들의 오랜 숙원이었던 연합회 사무실을 포항종합운동장에 개소, 각종 대회 개최 및 진행, 타지 대회 출전을 위한 합동 훈련 등을 하며 친목을 도모하고 있습니다./정철화 기자

출처: 경북매일(http://www.kbmaeil.com)

포항시 마라톤 연합회 안병돈 신임 회장 취임

최만수 기자
승인 2013.02.25

지난 21일 포항시 마라톤 연합회 안병돈 신임회장 취임식에서 참석자들이 파이팅을 외치고 있습니다.

안병돈 포항시 마라톤 연합회 신임 회장 취임식이 지난 21일 포항시 남구 아이린 뷔페에서 열렸습니다.

포항시 마라톤연합회는 2010년 19개 마라톤 동호인 클럽이 모여 박장원 1대 회장을 추대한 데 이어 이날 안병돈씨를 2대 회장으로 선출했습니다.

포항시에는 2013년 현재 지역 15개, 회사 소속 6개 등 21개의 동호인 클럽이 포항시 육상연합회를 중심으로 활동하고 있습니다.

특히 300명이 넘는 회원을 보유한 포항 그린네티즌 마라톤클럽과 해병대 50회 클럽, 포항 마라톤클럽, 흥해 마라톤클럽 등이 주축입니다.

또한 현대제철, 삼원강재, 동국제강, 영일기업, 동일산업 등 포항철강공단 직장 마라톤클럽 등 1,000명이 넘는 회원이 연합회에 소속돼 있습니다.

연합회는 포항 호미곶 대회(마라톤 육상연합회·12월), 통일 기원 포항 해변 마라톤 대회(포항시 육상연맹·6월), 8.15 혹서기 마라톤 대회(해병50·8월), 포항 영일만 울트라 마라톤 대회(5월) 등 지역 마라톤 대회를 후원하고 있습니다./최만수 기자 man@hidomin.com

출처 : 경북도민일보(http://www.hidomin.com)

포항 연령층별 체력왕 6명 탄생

체력 인증 센터 선발 대회 시상
전국 왕중왕전 참가 자격 부여

등록일 2015.10.06 02:01
게재일 2015.10.07
전준혁 기자

6일 포항 체력 인증 센터에서 포항 체력왕으로 선발된 이들이
기념촬영을 하고 있다. [포항시 시설관리공단 제공]

포항시 시설관리공단(이사장 김완용)에서 운영하는 포항 체력 인증 센터가 6일 '2015 포항 체력왕 선발 대회' 시상식을 개최했다.

'2015 포항 체력왕 선발 대회'는 지난 8월 25일부터 9월 25일까지 포항시민을 대상으로 실시됐으며, 상대악력, 윗몸 앞으로 굽히기, 윗몸 일으키기, 제자리멀리뛰기, 10m 왕복달리기, 20m 오래달리기 등 6개

항목을 측정했다.

센터는 연령층별 최고 득점자 남·여 각 1명씩 청년부(만19~34) 83명 중 2명, 중년부(만35~49) 102명 중 2명, 장년부(만50~64) 67명 중 2명 총 6명을 체력왕으로 선발했다.

포항 체력왕에 선발된 6명은 국민체육진흥공단 주최로 오는 10월 28일 서울올림픽공원 평화의 광장에서 개최되는 '국민체력100 전국 체력 왕중왕전'에 포항 체력 인증 센터 대표로 참가해 전국 체력 인증 센터에서 선정된 체력왕들과 서로 체력을 겨루게 된다.

(서울 올림픽 경기장 전국 체력왕 참가 자격)

출처: 경북매일(http://www.kbmaeil.com)

지역 마라톤 명문으로 거듭난다
포항 마라톤클럽, 대구 국제 대회 69명 참가 완주

포항 마라톤클럽이 명문 클럽으로 거듭난다.

포항 마라톤클럽(회장 박장원)은 지난 12일 대구에서 개최된 대구 국제 마라톤 대회에 참가 회원 69명 전원이 완주하는 기염을 토했다.

포항 마라톤클럽은 42.195km(풀코스)에 36명, 10km에 18명, 5km(건강달리기) 15명 총 69명이 이번 대회에 출전했다.

포항클럽은 36명이 풀코스에 참가해 2시간 54분 33초를 기록한 박경태 회원을 선두로 전원이 완주해 단체 상금(30인 이상 완주) 100만 원과 10km 부문에서 44분 30초를 기록한 송준칠 회원 외 17명이 완주해 단체 상금(15인 이상) 20만 원을 받았다.

포항 클럽 회원들은 지난 4일 경주 벚꽃 마라톤 대회 하프 출전으로 피로가 남아 있어 평소 기록에는 못 미치는 기록을 냈지만 회원 개개인이 클럽의 명예를 걸고 이룬 성과라 그 의미가 남다르다.

포항 마라톤클럽 안병돈 부회장은 "피로가 덜 풀린 상태에서의 레이스라 기록은 저조했지만 클럽의 명예를 걸고 끝까지 완주해준 회원들께 감사드린다"며 "포항 마라톤클럽은 운동뿐만 아니라 꾸준한 사회 봉사활동도 함께 펼쳐 포항을 대표하는 스포츠클럽으로 거듭나도록 하겠다"고 말했다.

한편 지난 2000년 창단한 포항 마라톤클럽은 150여 명의 회원이 운동 중인 포항 지역 최대의 마라톤클럽이다.

　평소 매주 수요일(운동장), 토요일(장원초 인근), 일요일(효자검문소 인근)에 클럽 회원들이 모여 건강과 행복 그리고 함께 친목을 다지고 있다./김대기 기자 kdk@hidomin.com

　　　　　출처 : 경북도민일보(http://www.hidomin.com
　　　　　　　　　　　　　　뉴스일자: 2009-04-02

성주 참외 마라톤 참가 수기

 지난 월요일 전국적으로 하루 종일 단비가 내리고 흐린 날씨였지만, 특히, 강원 산간 지방의 식수난 해결과 나들어가는 농작물 해결에 도움이 되었습니다.

 올해는 전국적으로 가뭄과 대형 산불이 많이 발생하고 사소한 부주의가 잿더미로 이어지는 안타까운 심정이었습니다.

 마라톤 대회에 출발선상에서 수없는 훈련과 나의 건강 그리고 가족의 행복을 위해 다짐과 나의 마음가짐을 새로 시작하는 초연한 자세로 임하였습니다.

 나는 그동안 아무런 건강상 특혜도 가산점도 지금까지 쌓아놓은 어떠한 이점도 없이 기나긴 세월 속에서 오직 체력 단련과 인내력을 키우고 나 자신과 싸움에서 때로는 좌절도 하면서 완주의 기쁨과 함께, 긍정적인 사고와 성취감을 맛보았습니다.

 경상북도 성주시는 꿀참외가 유명한 농촌 속에서의 도시로 근교 농촌 들녘에는 비닐하우스가 여기저기 많이 보이며, 하우스 안에는 노란 참외가 탐스럽게 영글고 있으며, 농본시대 부의 상징인 넓은 들판 선비의 고장을 연상케 합니다.

 사회자의 출발 신호인 폭죽 소리가 우렁차게 들리며 거대한 대열이 서서히 움직이며, 참가 선수들이 앞서거니 뒤서거니를 반복하며 긴 언덕길을 지나고 성주 터널을 벗어나 봉사하시는 주민들의 꽹과리 소리에 달리는 발걸음도 한결 가벼우며 주로 봉사하시는 시민 학생 파이~

팅!을 외칩니다.

급수대에서 목을 축이고 대로를 따라 달리는 나의 이마에는 땀방울이 하염없이 흘러 내리며, 화창한 날씨라 17도 정도이지만 약간 무더운 생각이 들었습니다.

마라톤 대회는 항상 최선을 다해 마라톤 대회에 참가하면 가장 값진 나의 완주의 기쁨과 자신감을 얻을 수 있습니다.

전국 마라톤 협회에서 개최하는 풀뿌리 마라톤 대회에 많은 시민들이 더욱 더 많이 참가하여 깊은 애정과 관심을 가져 주길 진심으로 기원하며 오늘도 달립니다.

포항 마라톤클럽 부회장 안병돈

황영조와 함께하는 청주 마라톤 대회 참가 후기

뉴스 일자: 2009-06-01

   포항 전마협 회원들이 황영조와 함께하는 청주 마라톤 대회에 참가하여 좋은 성적과 함께 보람된 하루를 보냈습니다.

   5월 30일 포항시 생활 체육 참가 선수와 포항 마라톤 회원의 경기하는 모습을 본 후 운동장 벤치에서 휴식을 하고 시외버스 터미널에서 14:40분 청주행 리무진 고속버스에 올랐습니다. 차창 밖에는 농촌 풍경과 아름다운 금수강산이 펼쳐집니다. 신록이 울창한 산림과 하천 들판에는 모심기를 끝낸 벼가 푸른색으로 올 농사 풍년을 기약하듯 잘 자라는 모습이 더욱더 생기가 돋아납니다.

전마협 홍보대사(1080 홍목회 회원 여러분)와 함께

청주 시외버스 터미널에 도착 후 전마협 홍보 대사(1080 홍목회)인 전 사무국장 최재학님 자택에서 준비한 삼겹살 숯불 구이와 식사를 한 후 미팅 시간을 가졌습니다.. 이 자리는 우정을 더욱더 돈독히 하는 계기가 되었으며, 회원의 일원이 된 것을 자랑스럽게 생각이 됩니다.

회원님의 자택인 황토 방에서 취침 후 일찍 일어나 시내로 이동 후 식당에서 콩나물 해장국으로 조식을 먹은 후 청주 대교 무심천 롤러스 케이트장 대회장에 도착하였습니다.

기념 촬영 후 마음속으로 다짐을 하였습니다.

마라톤 대회는 수없이 많이 참가하였지만 항상 출발선상에서는 긴장과 숙연한 마음 그리고 긴장과 조급한 마음이며, 오늘도 변함이 없는 것 같습니다.

참가 선수 대부분 사회자의 안내 방송은 귓가에 맴돌 뿐 관심이 별로 없는 것 같습니다.

무더운 날씨 출발과 동시에 숨이 가슴까지 차오릅니다.

페이스를 조절하면서 참가하지만 이마에서 하염없이 흐르는 땀으로 잠시 속도를 늦추어 봅니다.

어느덧 제2 운천교를 지나면서 북쪽 방향으로 계속 달리면서 반대편 방향에서 조깅하시는 시민과 인사도 하고 힘차게 달려 봅니다. 송정교를 지나 자전거 타는 사람이 많이 보이며, 건강을 위해 다양한 운동을 하는 것을 알 수가 있습니다.

무심천과 미호천을 따라 달리는 코스 자연과 어우러진 친환경 코스라고 생각이 들며 강인한 정신력을 바탕으로 항상 도전하는 마음 또한 인내력을 키울 수 있으며 전국 동호회 회원과 만남을 가지고 친선을 도모할 수가 있었습니다.

경부 고속 도로를 지나 미호천에서 유턴 갔던 코스를 되돌아오는 코스이지만 특별히 무덥고 힘든 하루였습니다.

동아일보 2009년 경주 동아 국제 마라톤 대회

뉴스 일자: 2009-10-18

◆ 일시: 10월 18일(일요일) 오전 08:00 출발
◆ 코스: 황성 공원 시민 운동장~경주 시내 순환 코스

    스포츠의 도시 경주시에서, 깊어가는 늦가을의 정취 가득한 옛 신라 천년의 역사가 살아 숨 쉬는 천년고도 경주에서 동아일보 2009년 경주 국제 마라톤 대회가 열리게 되었습니다.
    경주 국제 마라톤 대회는 2007년 국제 마라톤 대회가 부활하면서 도약의 발판을 마련했습니다.

42.195km 마라톤 대회는 끈질긴 인내와 극기로 자신을 이겨내면서 오르막 내리막을 달리는 마라톤 코스가 마치 인생 역경과 같아서 순위에 관계없이 완주하는 것으로만 대단한 가치가 있다고 생각합니다.

외국 초청 선수: 케냐, 우크라이나, 벨리우스, 리시아, 중국, 일본. 국내 일류 선수 사람들은 흔히 '마라톤 대회만큼 정직한 운동은 없다'라고 합니다. 이는 평소에 연습한 만큼 대회에 성과를 나타나기 때문입니다.

♦ 오신 내빈: 경상북도 지사(김관용), 경주 시장(백상승), 국회의원(정수성), 동아일보 사장(김재호), 대한 육상 연맹 회장(오동진)
♦ 주관 방송: MBC
♦ 협찬: sk telecom, 한국 수력 원자력(주) asics
♦ 공식 은행: KB 국민 은행

(포항 뉴스)
스포츠 기자 안병돈 기자
동아일보 2009년 경주 국제 마라톤 대회에 참가하여 풀코스 완주

서울 중앙 마라톤 대회 참가 후기

뉴스 일자: 2009-11-04

　수확의 계절 가을 서울 중앙 마라톤 대회가 열리는 날입니다.
　이번 대회에 참가하기 위하여 운동 가방에 테이핑도 준비하고 번호표, 운동화, 모자, 시계, 파워 젤, 장갑 등 레이스에 필요한 물품들을 꼼꼼히 챙기면서 마음의 각오를 다시 한번 단단히 다져 봅니다.
　국내 마라톤 대회 중에 서울 중앙 마라톤 대회는 국제급으로서 참가 선수 규모나 질적인 면에서도 톱에 속하는 매머드 급입니다. 나는 3~4일 전부터는 평소와 같이 가벼운 식사 과일 종류와 수분 섭취에 신경을 썼습니다. 나에게도 올 한 해 참가한 대회 중에 가장 큰 대회이고 초점은 이번 대회입니다.

포항고 OB 동호회 회원과 약속 장소인 포항시민 운동장 입구에서 00:30분에 만나 인사를 한 후 버스에 짐과 몸을 싣고 01:30분 포항 시내를 지나 포항~대구 간 IC 도착했습니다. 고속도로 길은 한밤중이라 어두우며, 몇 시간이 지나시야 치창 밖으로 서서히 선잠을 자고 민둥이 터오는 모습이 아름답지만 잠실 운동장이 가까워질수록 더욱더 긴장됩니다. 버스로 이동 중 날이 밝아 오기 시작하고 차 안에서 일찍 일어나서 주위를 둘러보니 실내는 조용하며 장거리 이동과 피로로 잠은 오지 않지만, 지그시 잠을 청하는 사람들도 눈에 띕니다. 산에는 초록색과 울긋불긋한 단풍 그리고 도시와 농촌을 번갈아 가면서 달립니다. 길은 살아가면서 자기 모습을 발견할 수 있는 곳이라고 합니다.

지금까지 나는 삶의 대부분의 시간을 달리는 데 할애하였으며, 잠실 운동장 탄천 주차장에 도착하니 지방에서 올라온 승용차와 버스가 수없이 많으며 벌써, 대회 준비를 하느라 분주히 사람들이 오고 갑니다. 긴장되는 순간입니다.

입구부터 각종 현수막, 아치, 전봇대마다 대회의 깃발이 나부끼며 수많은 참가 선수 여러분들이 형형색색 클럽의 이름이 새겨진 아름답고 산뜻한 운동복 차림으로 대회장이 가득합니다. 오늘 서울 중앙 마라톤을 달리면서 미래에 대한 설계와 마음속으로 저도 다짐하는 자리이며 앞으로 무엇을 준비해야 할 것인가 짧게 구상도 하고 현재의 안주하는 모습을 탈피하고 진취적이고 열정적이면서 더욱더 노력하는 삶이 되고자 굳게 다짐해 봅니다.

경주 동아 국제 마라톤 대회 후 보름 동안 직장 일과 각종 모임 동아리 활동으로 훈련도 제대로 못하고 스트레칭이나 근력 위주 훈련을 하다가 보니 약간의 부상과 조급한 마음으로 식이 요법은 2일 만에 그만두고 현재는 정상적인 컨디션은 아니지만 오늘 완주한 내 모습을 마음 속으로 그려 봅니다.

날씨가 쌀쌀해서 옷을 입고 운동장에서 서너 바퀴 워밍업으로 트랙을 돌고 난 후 간단한 스트레칭과 단체 기념사진을 찍고 주로로 이동하였습니다. 잠실 운동장 내외 화장실이 수없이 많지만 가는 곳마다 참가 선수들이 초만원이라 줄을 서서 기다리는 데도 15분이 훌쩍 넘어갑니다. 여자 화장실이 남녀 공용 화장실로 변하여 함께 용무를 보는 진풍경이 벌어졌지만 남성이든 여성이든 별로 개의치 않는 분위기입니다.

신종 플루 때문에 주최 측에서 마련한 구급약과 예방 책자가 배치되어 있으며 관심을 갖고 이용하는 것 같습니다.

출발 선상에 선 본인은 모든 준비를 마치고 곧바로 사회자의 안내 멘트와 더불어 사회자의 출발 신호와 동시에 폭죽이 터지며 출발 신호를 알립니다. 거대한 물결이 금방이라도 삼키듯 전진하는 마라토너들의 모습이 장쾌합니다.

대회의 목표는 3시간 30분에 달리면서 컨디션에 따라 약간의 당기고 늦추어 볼 작정입니다. 팔에는 토시를 끼고 달리다가 열이 나서 내리고 달리면서 추우면 내리려고 마음을 먹었습니다. 수려한 서울 도심의 경관이 펼쳐지며 평탄한 코스와 달리는 나에게 아침 일찍부터 시민들이 불편하지만 잠시 하는 일을 멈추고 협조와 격려의 박수가 큰 힘을 보태었습니다. 달리는 중간에 숨소리가 거칠어졌습니다. 달리는 거대한 행렬이 마치 거대한 물결과 야생마같이 각자 폼도 당당하게 대로와 수없는 고층 빌딩을 지나갑니다. 응원 나온 시민 풍물단의 북소리, 꽹과리, 장구, 박수 소리에 달리는 발소리가 한결 가벼우며 더욱더 흥을 돋웁니다.

생수와 이온 음료 구간에 봉사 나온 학생들의 환호와 파이팅 을 외치며 달리는 나에게 힘을 보탭니다. 달릴 때는 많은 사람과 함께 뛰지만 숨이 차고 고통과 희열은 나의 몫이면서 끈기와 인내가 필요합니다.

33㎞ 지점 갑작스럽게 경련이 오면서 다리가 저려 옵니다.

남은 거리는 10㎞ 남짓 남았지만 큰 고비에 봉착하였으며, 옆에서 달리는 모든 선수가 땀을 흘리며 힘들어합니다. 오늘 완주 메달을 목에 걸고 집에 돌아가서 가족에게 당당한 모습을 보여 주고 싶습니다. 힘들고 어렵지만 인내하면서 끝까지 달려서 완주를 하고 싶습니다.

삶의 모든 고통이 비록 힘들지만 완주한 모습을 상상하니 모든 피로감이 쇳물 녹듯이 녹아내리는 짜릿한 기분입니다.

달린다는 즐거움과 함께할 수 있는 것은 달리기를 통해서 얻어지는 삶에 대한 쾌락을 서로 공유한다는 것을 의미합니다. 35㎞ 지점의 급수대에 도착하니 달리는 선수들이 지쳐 있으며 물컵을 2~3잔까지 마시는 사람도 보입니다. 어제까지 겨울을 재촉하는 비가 내리고 대회 당일 하루 종일 구름 낀 흐린 날씨로, 달리는 동안 바람도 세게 불지 않고 참 좋은 날씨였습니다.

잠실 운동장 입구부터 길 양쪽으로는 구경 나오신 시민 선수 가족 그리고 먼저 완주한 선수들의 파이팅 소리와 격려 소리가 힘들고 고통스럽지만 오아시스같이 들립니다. 까마득하게 보이던 잠실 운동장 트랙을 한 바퀴 돌아 환희에 찬 피니시 라인을 개선장군처럼 기쁘게 통과하였습니다.

잠실 운동장 외곽은 아름다운 명소이면서 도시 속 공원으로 되어 있고 낙엽이 붉게 물든 단풍, 노란 은행 나뭇잎들이 늦가을 풍경을 물씬 풍깁니다.

경기를 끝내고 단체로 잠실 인근에서 목욕과 삼계탕 회식 후 관광버스에 피로한 몸을 싣고 포항을 향하였습니다. 차 안에는 일부가 잠자고 있었습니다. 농촌 들판에는 가을걷이를 끝낸 논이 텅 비어 있으며, 인삼 밭, 빨간 사과가 탐스럽습니다. 울긋불긋한 단풍 나뭇잎 어느덧 문경 새재를 지날 적에 두둥실 보름달이 오늘따라 선명하며, 움직이지는 않지만 움직이는 것 같아 마치 달이 차량을 안내하는 것 같습니다.

평소에 마라톤 동호회를 통해 왕성한 활동으로 삶의 중요한 가치들을 배우고 인생을 살아가면서 어려운 고비에 포기하지 않고 인내와 끈기를 가지고 노력하는 것을 터득하였습니다.

장애인 휠체어 마라톤에 참가한 선수들이 TV 스포츠 뉴스 시간에 자신과 싸움에서 승리의 기쁨을 두 배로 느끼는 모습이 감동적이었습니다. 오늘 서울 중앙 마라톤 대회를 위해 박수를 보내주신 서울 시민, 중앙일보 주최 측과 휴일날 협조해 주신 차량 운전자분, 자원봉사자, 교통 경찰관, 동호회 회원 및 가족 여러분들께 머리 숙여 진심으로 감사를 드립니다.

2010년 대구 국제 마라톤 대회 참가 후기

뉴스 일자: 2010-04-15

　올해 국제 대회로 승격해 4월 12일 대구스타디움과 시내 일원에서 열리는 대구 국제 마라톤 대회에 참가했습니다. 추운 날씨와 마음에는 긴장이 연속적으로 엄습해 오고 떨리며 사회자의 간단한 개회식 후 출발 신호를 알리는 카운트다운을 시작으로 참가자 모두가 일제히 함성을 지르며 야생마 같이 달리는 마라톤 마니아의 대열이 마치 아름답고 거대한 물결이 넓은 도로를 따라 움직이는 모습이 마치 살아 움직이는 그림처럼 정말 장관입니다.
　패션의 도시 대구는 2011년 세계 육상 선수권 대회 개최지입니다.

세계 육상 선수권 대회는 2년마다 개최(홀수 년)되는 대회입니다. 대한민국은 세계 3대 스포츠 이벤트를 모두 개최한 스포츠 외교 강국의 반열에 올랐습니다.

추웠던 지난겨울에 장거리 훈련을 하며 건전한 여가 생활 산악 훈련과 바른 인성 오르막 연습을 많이 하였기 때문에 오늘 대회 참가가 한결 가볍고 초반 레이스는 부담이 없지만 105리 길 달린다고 생각하니 전반과 후반 장거리 달리기에 나도 작전이 꼭 필요합니다.

달리기에 정신없이 빠져 있다 보니, 도로 옆에 만개한 벚꽃의 아름다움을 느끼지도 못하고 지나갔습니다. 고층 빌딩과 차량의 행렬이 길게 서 있으며, 아침 일찍 환영 나온 시민들의 장구와 꽹과리 박수와 격려가 힘이 솟구칩니다.

세계 육상 연맹(WA) 인증 골든 라벨 대회로 세계 최고 수준의 시상금을 수여합니다.

이날 대회에서는 소속팀과 갈등을 빚었던 '포스트 이봉주'의 선두주자 지영준(30·코오롱)이 남자부 준우승을 차지하고 건재함을 뽐냈습니다. 지난해 챔피언인 지영준은 대구스타디움을 출발해 대구 시내를 일주한 뒤 다시 돌아오는 42.195km 풀코스 레이스에서 2시간 9분 31초를 찍고 2위로 결승선을 통과했습니다.

지 선수는 영상 12도, 초속 6m의 바람이 부는 다소 쌀쌀한 날씨 속에 진행된 이날 레이스에서 초반부터 케냐, 에티오피아 철각들에 둘러싸여 선두권에서 고독한 질주를 펼치면서 선전했습니다.

김범일 대구시장은 이 대회가 마라톤 저변 확대와 국민 건강 증진에 더 많은 기여하도록 지속적으로 발전시켜 나가겠다고 약속했습니다.

2024년 대구 달서 마라톤 대회 참가 후기

경상매일신문
신일권 기자 nanaconan@ksmnews.co.kr
안병돈 포항 마라톤클럽 고문

무더운 여름도 서서히 지나가고 어느덧 선선하고 청명한 가을 푸른 하늘 속에서 제18회 달서 하프 마라톤 대회가 개최되었습니다.

달리면서 새롭게 도약하는 희망 달서를 보았습니다. 월광 수변공원, 달서 상인 스마트 팜, 달서 메타버스 체험관, 달서 디지털 선사관, 달서 반려견 놀이터, 학산 공원, 벽천 분수, 한실 숲속 모험 놀이터, 와룡 숲속 모험 놀이터, 선사시대 테마 거리, 대명 유수지, 달서 별빛 캠프 캠핑장, 달서 홍보대사 이만용, 수밭골 푸나꽃길, 호림강 나루공원, 자연 생태의 보고인 달성습지, 금호강변이 펼쳐지는 자연 경관 등을 감상할 수 있었습니다.

대체로 평탄한 코스이며, 자연 경관과 도로변 코스모스가 만개한 가을 정취 속을 달리면서 느끼는 기분은 그야말로 일품이었습니다. 풍부한 즐길 거리와 각종 이벤트가 준비되어 있었습니다.

대회 2~3일 전부터 마음의 안정과 충분한 수면은 단순한 휴식을 넘어 신체 건강을 위한 꼭 필요한 과정이며, 수분 섭취와 탄수화물 등 적절한 영양 공급이 필요합니다.

 마라톤은 등수가 목표가 아니라 완주를 목표로 하는 스포츠 경기입니다. 참가자의 행복과 지역 사회와의 친선과 우정을 촉진하는 대회로 남도록 의미 있는 도전이 값진 결실을 거둘 수 있습니다.

 제가 도전을 시작하게 된 이유는 "극복하고 싶었기" 때문입니다.

 마라톤 대회 참가는 더 나은 내일을 향한 굳세고 힘찬 여정이 시작됩니다. 각자 정한 기록이나 목표 지점까지 힘들고 지친 순간, 포기하고 싶지만 참고 인내하면서 완주에 대한 성취감과 의욕 충만한 나의 행복한 모습을 발견할 수 있을 것입니다.

2011년 12월 21일
(경상북도 도지사 김관용)

2019년 11월 8일
(포항 시장 이강덕)

2013년 포항 마라톤 송년의 밤

50/50 members 달성

1번~65번 풀코스 메달

하프 10킬로 달성 메달

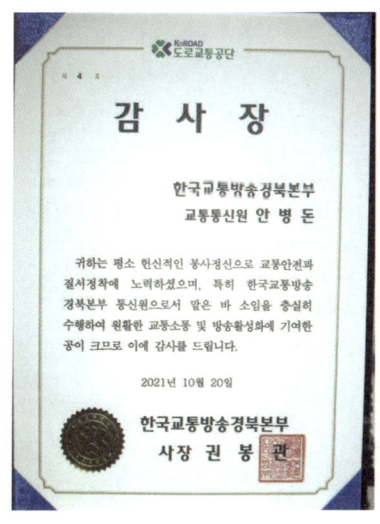
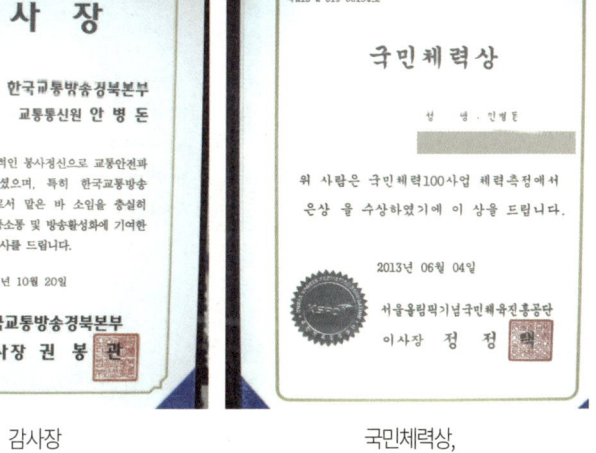

감사장
2021년 한국교통방송 경북본부 사장 권봉관

국민체력상,
2013년 서울올림픽 기념 국민체육진흥공단
이사장 정정택

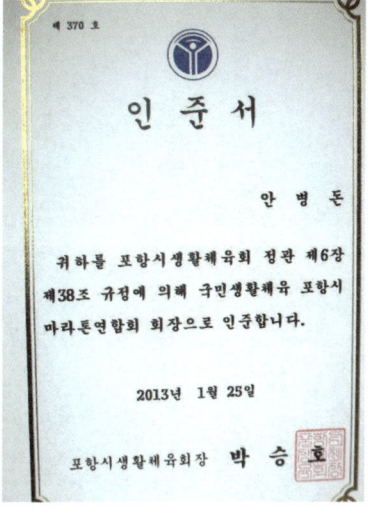

영남대학교 마라톤클럽 자격증

인준서
포항시 생활체육회장 박승호

표창장 포항시장 이강덕

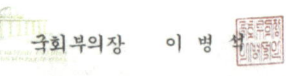

표창장 국회부의장 이병석

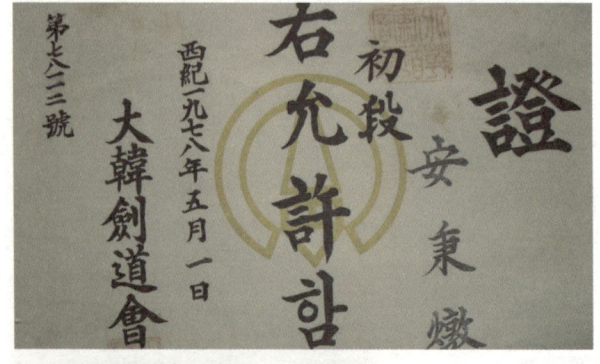

검도단증

정년퇴임 인사 말씀

포항시 생활체육회 제28차 이사회

포항시청 마라톤 창립 10주년

경주 동아 국제 마라톤 대회
포항 마라톤클럽

동암배 유도 대회
포항 실내 체육관

유도단증

동암배 유도 대회
포항 실내 체육관 2

새해맞이 안전기원제 달리기

풀코스(3시간 19분)

경북도정모니터(2010년)

송년회(케이크 커팅 및 건배)

영일만 울트라 기념사진

서울 동아 마라톤 대회   국민체력100 금상   울산 마라톤 대회 페드롤

포항 마라톤 울진 금강숲 산행

이력

* 1977년 5월 29일 대한 유도회 초단(제46262)
* 1978년 5월 1일 대한검도회 초단(78112호)
* 1980년 8월 100연대 사격 저격수(분대장 대표 선수) 3중대장 표창장
* 1981년 2월 28일 대한 유도회 2단(제26549호)
* 1983년 6월 1일 입사 1984년 3월달 안강 ㈜풍산금속(10개월 근무)
* 1984년 3월 16일 (주)포항종합제철 입사~2005년15년 사장 근속 표창장 ㈜posco(22년 근무)
* 1985년 비상 계획 부장 표창장
* 2001년 포항 마라톤 북부 팀장(임기2년)
* 2005년~2017년 ㈜posen 사장 표창장(2010.2014년 총2회 수상)
* 2018년 2월~현재 ㈜조선선재 경비팀장(2017년 일하기 좋은 뿌리기업 명가 대통령 표창)
* 2003년 4월 19일 포항 철각, 보스톤 달린다, 안천수 씨 등 마라톤 동호인 14명 출사표(경북일보: 최민수 기자)
* 2003년 세계에서 마라톤 대회 역사가 가장 오래된 2003년 세계적인 골든 대회이며 미국 제107회 보스톤 마라톤 대회 참가(국내 대회: 서울 동아 국제 마라톤 대회. 서울 중앙 마라톤 대회. 춘천 조선 마라톤 대회 최근 2년간 기록 50대 3시간 30분 이내 기록 보유자 출전 자격)
* 2003년~2004년 국토 종단 이어달리기 경주~포항. 포항~영천 구간

(포항 종합운동장 내 102호실 포항시 마라톤 연합회 사무국장 및 경북 남부 지역 사무국장 행사 계획 주관)
* 2005년 12월 15일 20/20members 마스터츠 기념패 마라톤의 고수 칭호
* 2003-2007년 포항 마라톤 총무(5년 수행)
* 2007년~2011년 장성동 대방한양@ 감사(5년 수행)
* 2006년 2월 6일~2007년 1월 13일 전국 마라톤 홍보 대사 위촉장
* 2008년~현재 전국 독도 사랑 페이스메이커 활동
* 2008년 01월 전국 마라톤 홍보 대사 활동
  (전국 마라톤 협회 회장: 감사패)
* 2013년~2000년 전국 마라톤 협회 홍보 대사. 1080 홍목회 회원
* 2003-2004년 국토 종단 이어달리기(경주~포항) (포항~영천) 구간
  (포항시 마라톤연합회 사무국장 및 경북 남부지역 사무국장)
* 2005년 20/20 members club 달성(마라톤 최고 기록이 3시간 59분 59초 1번 이상 기록 보유자이며, 풀코스 20회 이상 완주 마라톤 고수로 칭함)
* 2006년 전국 최초 제1회 부부 마라톤 대회 개최(포항 마라톤 총무 행사 전반 계획)
* 1995년 3월 경주 동아 마라톤 대회 첫 생애 풀코스 대회 출전(국제 대회) 풀코스 65회 완주, 하프: 19회, 10km: 41 출전
* 2006년 12월17일 전국마라톤협회장: 장영기(감사패)
* 2008년 1월 1일 포항 마라톤클럽 홍보이사 취임(임기 2년)

* 2009년 8월 15일~8월 16일 제2기 영남대학교 마라톤클럽 지도자 강습회 3급 마라톤클럽 지도자증 영남대학교 총장(증 제09_62호)
* 2010년 1월 1일 포항 마라톤 부회장(임기 2년) 포항시 생활체육이사 시장(회장) 인준서(제10_28호)
* 2010년 4월 2일 포항시 명예시민기자 포항시장 위촉장
* 2011-2012년 경상북도 도정 모니터 활동(경상북도 도지사 위촉패 제2010-21호)
* 2010-2012년 포항시 명예 시민기자, (2011년 6월 28일 포항시 시장 표창장(제420호), 2011년 12월 29일 경상북도지사 표창패(제2499호)
* 2011년 1.1 포항 마라톤 회장 취임(임기 2년)
* 2012년 12월 11일 포항 마라톤 회장 안병돈(공로패 수상)
* 2012년 7월 1일~2021년 12월 31일 포항북부소방서 의용소방대원 (포항시장 감사장) 2021년 방호부장(퇴직)
* 2013년 12월 7일 50,50Member's 기념패(1995~2000년) 달성 포항 마라톤 고문: 안병돈
* 2013년 2014년 12월 포항시 마라톤 연합회 회장 취임 생활체육 이사, 포항시 육상연맹 통합(포항시 시장 인준서 2013년 1월 25일(제370호) 포항시 자원봉사 단체 등록)
* 2013년 2월 21일 국회 부의장 표창장(제13_0210호)
* 2013년 1월~현재 독도사랑 전국 페이스메이커 활동 중
* 2013년 포항시 자원봉사 단체 등록 활동 시간 (자원봉사 센터: 1,144시간)

* 2013년 2월 25일 경북매일신문 "포항의 건강 달리기 문화 정착 최선을 다할 터" 포항시 마라톤 연합회 회장 취임식(목화 웨딩 아이린 뷔페)
* 2013년 6월 4일 은상 2014년 4월 2일 금상(장년부, 국민체력왕), 2015년 6월 6일(장년부, 국민체력상) 2017년 8월 29일 1등급 문화체육관광부장관(국민진흥공단 장년부 금상). 서울 올림픽 기념 국민체육진흥공단 전국 체력왕 선발 대회) 장년부 대표 출전 체력왕 2015년 10월 6일 서울 올림픽 기념 국민체육진흥공단(윗몸 일으키기 장년부 전국 1등)
* 2014년 3월 26(수) "나 자신과 싸움에서 승리를 만끽하다." 대경일보(스포츠, 14면)
* 2015 포항 체력왕 선발 대회(경상매일신문, 뉴시스. 국민 체력100 장년부 1등)
* 2015년 1월 20일 포항시 마라톤연합회 공로패 수상
* 2015년~현재 TBN경북교통방송교통통신원(2017년 9월 21일 포항시 시장 표창장, 제1879호)
* 2016년 대구지방법원 포항지원 사법 모니터(포항지방법원지원장 표창장
* 자전거 낙동강 종주(385km) 부산 을숙도~남지 모텔 숙박. 칠곡 모텔 숙박. 안동 찜질방 숙박)
* 2017년 9월 21일 경북교통방송 교통 통신원 포항시장 표창장. 경북교통방송 사장 표창장

* 2016년. 포항지방법원장표창장.
* 2017년, 2018년, 2019년, 시민사법모니터 위촉
* 2017년 11월 09일. 포항 북부소방서 대응반장 포항 북부소방서장 표창장
* 2017년 체력인증서 (1등급 수상)
* 2017년 11월 17일 대한유도회 4단(제025341)
* 대경일보 기사 '호미곶 자전거 탐방기'
* 경북도민일보 기사 '지역 마라톤 명문으로 거듭난다.'
* 경북 매일신문 기사 '함께 달리면 기쁨 두 배'
* 2020년, 2021년, 대구지방법원 대구가정법원 포항지원장 시민 사법 모니터 위촉
* 2017년 체력인증서(1등급 수상)국민 체육진흥관리공단 이사장
* 2019년11월8일 포항 북부 소방서 제57주년 소방의날 표창식, 소방 가족 힐링 콘서트 개최(포항 북부 의소대 부장 안병돈 포항시장 표창패)
* 2020년 10월 20일~2022년 10월 19일 메트로시티 2단지 제2기 감사
* 2022년 10월 20일~2024년 10월 19일 메트로시티 2단지 제3기 감사
* 2021년 한국 교통방송 경북본부 사장 교통 통신원 감사장(제4호)
* 2023년 포항 마라톤클럽 창립 기념일 감사패 수상
* 2023년 4월 5일 제30회 경주 벚꽃 마라톤 대회 참가기(경상매일신문 오피니언 18면)
*2023년 10월 6일 제17회 대구 달서 하프마라톤 참가記(대경일보 18

면) 안병돈, 포항 마라톤클럽 고문

*2024년 3월 25일 2024년 성주 참외 전국 마라톤 대회 참가 후기(대경일보 18면)

* 2024년 8/31(토) 제8회 포항 철강 마라톤 대회 후기(대경일보)